创造战略价值

Creating Strategic Value
Applying Value Investing Principles
to Corporate Management

[美] 小约瑟夫·卡兰德罗（Joseph Calandro Jr.） 著

郭翊明 译

中国科学技术出版社
·北 京·

CREATING STRATEGIC VALUE: Applying Value Investing Principles to Corporate Management by Joseph Calandro Jr.

Copyright © 2020 Joseph Calandro Jr.

Chinese Simplified translation copyright © 2022

by China Science and Technology Press Co., Ltd.

Published by arrangement with Columbia University Press

through Bardon-Chinese Media Agency

博達著作權代理有限公司

ALL RIGHTS RESERVED

北京市版权局著作权合同登记　图字：01-2021-7189。

图书在版编目（CIP）数据

创造战略价值 /（美）小约瑟夫·卡兰德罗著；郭翔明译 . —北京：中国科学技术出版社，2022.5

书名原文：Creating Strategic Value: Applying Value Investing Principles to Corporate Management

ISBN 978-7-5046-9412-6

Ⅰ .①创⋯ Ⅱ .①小⋯ ②郭⋯ Ⅲ .①企业管理

Ⅳ .① F272

中国版本图书馆 CIP 数据核字（2021）第 277598 号

策划编辑	王雪娇	责任编辑	庞冰心
封面设计	马筱琨	版式设计	锋尚设计
责任校对	吕传新	责任印制	李晓霖

出　　版	中国科学技术出版社
发　　行	中国科学技术出版社有限公司发行部
地　　址	北京市海淀区中关村南大街 16 号
邮　　编	100081
发行电话	010-62173865
传　　真	010-62173081
网　　址	http://www.cspbooks.com.cn

开　　本	880mm×1230mm　1/32
字　　数	174 千字
印　　张	8.75
版　　次	2022 年 5 月第 1 版
印　　次	2022 年 5 月第 1 次印刷
印　　刷	北京盛通印刷股份有限公司
书　　号	ISBN 978-7-5046-9412-6/F·973
定　　价	79.00 元

致谢

Gamco投资公司的创始人马里奥·加贝利（Mario Gabelli）在美国哥伦比亚大学重新开设了价值投资课程，从此我开始涉足这一领域。之前我在美国康涅狄格大学教书时，马里奥也经常来我的价值投资课上担任特邀演讲人。他很欣赏我的第一本书《应用价值投资》（*Applied Value Investing*），也任命我担任美国福特汉姆大学加贝利中心（Gabelli Center）全球证券分析部门的研究员，并将这书列为加贝利中心价值投资专业的补充书籍。我对他十分感激。

本书的成功出版也要感谢哥伦比亚大学出版社的迈尔斯·汤姆逊（Myles Thompson）。多年来，迈尔斯一直敦促我完成本书，我十分感谢他和他同事们的帮助，尤其要感谢布莱恩·史密斯（Brian Smith）。

我还要感谢福特汉姆大学加贝利中心全球证券分析部门的斯瑞士·查特基（Sris Chatterjee）教授帮我作序，同样感谢加贝利中心主任吉姆·凯利（Jim Kelly）教授持续的支持和友善相助。我十分开心与他们共事。

托比·卡莱尔（Toby Carlisle）、莱尼·德保罗（Lenny

DePaul）、麦嘉华（Marc Faber）、杰夫·格拉姆（Jeff Gramm）、吉姆·格兰特（Jim Grant）、约翰·休斯（John Hughes）、马克·麦克尼利（Mark McNeilly）和弗雷德·希恩（Fred Sheehan）看了本书最初的原稿并给予了认可，还帮助校对本书，也对本书提供了巨大支持，我对他们十分感激。

爱德华·阿特曼（Ed Altman）、布莱恩·布鲁斯（Brian Bruce）、费尔南多·迪兹（Fernando Diz）、罗伯特·哈格斯特朗（Robert Hagstrom）、塞斯·卡拉曼（Seth Klarman）、莫里·克莱因（Maury Klein）、霍华德·马克斯（Howard Marks）、拉里·皮翁特科夫斯基（Larry Pitkowski）、罗伯特·兰德尔（Robert Randall）、吉姆·施拉格（Jim Scharager）、弗雷德·希恩（Fred Sheehan）以及已故的马丁·惠特曼（Martin J. Whitman）阅读了我之前围绕这本书发表的论文，并提供了很多信息资源，没有他们的帮助，本书也不可能顺利出版。

拉里·坎宁安（Larry Cunningham）等人帮我审稿，并提供了很好的建议帮助我改进，我十分感激他们。

我的朋友马克及黛比·普罗维茨（Mark & Debbie Purowitz）一如既往地支持我的工作，更重要的是，每当我想晚上出去清醒一下头脑时，他们总会陪伴着我。他们两人就像我的家人一样。

感谢我的顾问朋友和同事，特别是格雷格·嘉里兹（Greg Galeaz）、弗朗索瓦·拉梅特（Francois Ramette）、约翰·斯维奥克拉（John Sviokla）和杰米·尤德（Jamie Yoder），感谢他们多年来的支持和鼓励。

我还要感谢我的经纪人雪莉·比科夫斯基（Sheree Bykofsky），感谢她对本书的出版不断地提出建议、忠告并推介。

我最要感谢的是我美丽的妻子泰瑞林（Terilyn）和女儿艾丽斯（Alyse），她们给了我庞大的购书预算作为支持，并容忍我不断购买书柜来收藏更多书籍。

最后，我还要感谢我的其他家人拉里及德洛莉斯·韦基奥（Larry and Dolores Vecchione），卡洛和布鲁斯·比克利（Carol & Bruce Bickley），吉姆和琳达威尔森（Jim & Linda Wilson）等，感谢他们能够理解我的科研和写作事业，很遗憾无数次没能陪他们共度晚餐、周末和假期。

序

在华尔街教父本杰明·格雷厄姆（Benjamin Graham）的笔下，"市场先生"被描绘成情绪起伏不定、心情喜怒无常的形象，精明强干的投资人读过本杰明·格雷厄姆的书都会感触颇深，开始练就将价格脱离价值的艺术。在经典论著《证券分析》（*Security Analysis*）一书中，作者本杰明·格雷厄姆和戴维·多德（David Dodd）建议投资者要在市场价格远低于其内在价值时购入金融资产。这一理念备受推崇，被称为"安全边际"原则，多年来引导众多价值投资者做出抉择，未来多年内会依然如此。然而，这一原则并非只适用于金融资产投资。事实上，从商业并购到企业风险管理，公司金融中的众多战略决策都可以从《证券分析》和《聪明的投资者》（*The Intelligent Investor*）两本书中获得启发。令人不解的是，除了约瑟夫·卡兰德罗（Joseph Calandro）在《应用价值投资》一书中的几个具体案例之外，鲜有论著对公司金融案例做综合阐述。在新作《创造战略价值》（*Creating Strategic Value*）一书中，卡兰德罗更加全面地介绍了价值投资原则在企业管理多个领域的应用，包括闲置资金的利用、股票回购和企业兼并。

价值投资及其基本原则可以以两种方式影响企业管理。一种方式，价值投资者都是积极型投资者，很多案例可以解释他们如何影响企业管理，这点我们此前不乏讨论。例如，本杰明·格雷厄姆深谙股东积极主义的重要性，这在杰夫·格拉姆（Jeff Gramm）的著作《亲爱的董事长》(*Dear Chairman*)中进行了完美的阐述。此外，在马里奥·加贝利的Gamco投资公司，分析师们也时常拷问企业经理人如何在企业内部配置资本。众所周知，沃伦·巴菲特（Warren Buffet）有一个长期坚持的策略，他所收购的公司必须拥有一个强大的管理团队。因此，企业管理是有效价值投资战略的基本前提。这些例子解释了价值投资者，包括积极投资者，是如何指导企业经理人为股东创造价值的。

另一种方式，卡兰德罗在《创造战略价值》一书中还另辟蹊径，在一个很少有人涉足的领域开创先河，这是本书的一大特色。在这里，我们自问，一个公司的首席执行官如何将价值投资的基本原则应用到以下方面，比如，企业应该如何管理，企业战略如何定义和执行来积极创造股东价值，而不仅仅是去应对积极投资者的诉求。此前几乎没有作者涉足这一领域，卡兰德罗则告诉我们成功的首席执行官有哪些过往经验，并从中归纳出基本原则。

约瑟夫·卡兰德罗深谙企业管理和企业战略之道。他在企业咨询方面积累了多年经验，并在多篇论文中发表了真知灼见。《创造战略价值》一书可以说是他早前研究成果的集中汇总。卡兰德罗也敏锐地指出，在本杰明·格雷厄姆和戴维·多德首次强调有形资产（tangible assets）和净净股票（"net-net" stock）[①]后，企业投资领域发生了巨大变化。当今，很多大型企业掌握巨额无形资产，而另外一些企业重金投资于对冲基金和私募股权。本书对这些变化发表了有益的观点。本书的另外一个独到之处在于，书中多个篇章展示了塞斯·卡拉曼和莱昂·库珀曼（Leon Cooperman）这样声名显赫的投资人及亨利·辛格尔顿（Henry Singleton）和普雷姆·瓦特萨（Prem Watsa）等大名鼎鼎的首席执行官是如何践行价值投资原则的。作者还在书中记录了与塞斯·卡拉曼的一次愉快对话。本书通俗易懂，即便是对金融和商业了解不多的读者也能通过阅读此书了解其核心理念，这一点也让本书的读者群体更加广泛。

福特汉姆大学加贝利中心成立以来，约瑟夫·卡兰德罗一直就职于此。我们会将《创造战略价值》列为学生的必读书目，并置于我校中心书架的显要位置。祝卡兰德罗未来的研究和出版工作一切顺利。

斯瑞士·查特基（Sris Chatterjee）教授

福特汉姆大学加贝利中心全球证券分析部主任

纽约布朗克斯区

---

① net-net stock：净净股票是由经济学家本杰明·格雷厄姆开发的一种价值投资方法，即公司的股票仅根据每股净资产（Net Current Asset Per Share, NCAVPS）进行估值。——编者注

最有条不紊的投资就是最聪明的投资。针对这句话，我想补充的是，最有条不紊的投资也是最成功的投资。

——本杰明·格雷厄姆（Benjamin Graham）[1]

商学院学生只需要上好三门课程：如何评估企业价值，如何看待市场价格，如何管理企业。

——小约瑟夫·卡兰德罗，本句话受沃伦·巴菲特（Warren E. Buffet）启发[2]

据我了解，学界对价值投资的论述骈兴错出，但直到现在也未曾有人对这一学派的发展历程进行正式的梳理。[3]这一点十分重要，人们只有首先掌握了它的历史沿革，才能真正预见其未来发展的趋势。因此，我想先回顾历史，立足现在，再来展望未来。

发展初期：1934—1973年

1934年，本杰明·格雷厄姆和戴维·多德的经典论著《证券分析》一书出版，价值投资的概念"正式"确立。这一战略性概念既寓意深刻又通俗易懂。简单来说，资产购入价格低于清算价值（即去除总负债后的流动资产额，或净净资产）就是一种低风险的投资，根据"安全边际"原则，由清算价值贴现。在这一情况下，风险被定义为损失的可能性和数额。

随着这一学派的演进，除了考虑清算价值和净资产价值，一些投资者开始把收益能力甚至增长价值囊括在安全边际的评估中。事实上，学者们将现代价值投资分成以下3类：

（1）经典价值投资：聚焦资产负债表和有形资产，代表人物包括已故的马克斯·海涅（Max Heine）和塞斯·卡拉曼；

（2）混合型价值投资：聚焦资产负债表和收益能力，尤其考虑资产置换和私募市场价值，代表人物包括马里奥·加贝利和已故投资人马丁·惠特曼；

（3）当代价值投资：聚焦特许权价值和企业管理的质量，从而实现长期价值，代表人物包括沃伦·巴菲特和格伦·格林伯格（Glenn Greenberg）。[4]

然而，不论何种方式，专业价值投资的源头活水都依旧是安全边际原则。《证券分析》出版后，本杰明·格雷厄姆为非专业读者奉献了又一力作——《聪明的投资者》。随着这一家喻户晓的"投资圣经"第4次再版，价值投资学派的发展初期才真正落下帷幕。该版发行后不久，本杰明·格雷厄姆于1976年逝世，享年82岁。

后格雷厄姆时期：1973—1991年

后格雷厄姆时期的开始正值1973—1974年大熊市，那几年所涌现的大量投资机会甚至可以与投资价值学派的萌芽期相媲美。这一市场环境也顺水推舟成就了一批大名鼎鼎的价值投资者，如加里·布林森（Gary Brinson），杰里米·格兰瑟姆（Jeremy Grantham），约翰·内夫（John Neff）等。[5]在此期间，现代金融经济理论开始流行起来。在《资本思维》（*Capital Ideas*）一书中，彼得·伯恩斯坦（Peter Bernstein）提出了以下观点，但这些理念完全与专业的价值投资格格不入。

（1）经济学家认为，市场价格是"有效"的，而价值投资者从实践中认识到市场价格有些时候是极其"无效"的，这就为有耐心的、资金流动性好的、消息灵通的投资者提供了丰厚的安全边际。

（2）经济学家认为资本结构毫无意义可言，而价值投资者坚信资本结构是至关重要的。

（3）经济学家认为现代资产组合理论（MPT）应指导投资行为，而价值投资者认为，市场波动和现代资产组合理论的相关数据并不能代表资产组合的风险和收益全貌（在此，风险再次被定义为损失的可能性和数额），他们谨慎地利用这一点来谋取利益。

（4）经济学家所推崇的期权定价模型并没有将潜在价值考虑在内；相反，对于专业价值投资者来说，价值是期权定价的重要组成部分，正如在任何其他经济物品的定价过程中，价值都是不可或缺的因素。

尽管专业价值投资者在这一阶段顺风顺水、收获颇丰，但对本杰明·格雷厄姆和戴维·多德的后继之人来说，面对复杂的市场环境，他们的挑战在于，如何为现代投资者重新解读价值投资的基本原则，并证明在投资者苦苦挣扎的市场状况下，这种重新解读的重要意义，以理服人。

现代发展时期：1991年至今

为了应对这一挑战，包普斯特财务管理集团（Baupost Group）的创始人兼掌门人塞斯·卡拉曼继承了本杰明·格雷厄姆的未竟事业。格雷厄姆的投资圣经《聪明的投资者》一书中最后一章的标题为"'安全边际'——投资的核心概念"，之后，1991年，卡拉曼出版了一本著作，名为《安全边际：为慎思的投资者准备的避险价值投资策略》。这部著作清晰明了、通俗易懂，作者本人也有十分亮眼的投资成绩，这为价值投资学派的现代发展时期定下了基调。

卡拉曼的观点收获了大量鲜花和掌声，他的"安全边际"理论的影响可谓无远弗届，后续很多有关价值投资的经典论著都散发着卡拉曼的光芒。布鲁斯·格林沃尔德（Bruce Greenwald）的畅销书《价值投资：从格雷厄姆到巴菲特的头号投资法则》（*Value Investing: From Graham to Buffett and Beyond*）第13章专门对卡拉曼做出详细介绍，卡拉曼作为主编完成了《证券分析》第6版的出版发行工作，卡拉曼对霍华德·马克斯的价值投资著作《投资最重要的事》青睐有加，并对其做了重要点评和注解。

现代价值投资理论与众不同的一点在于，它适用于各种形式的投资，不仅限于股票和债券，还包括金融衍生品等。迈克尔·刘易斯（Michael Lewis）的畅销书《大空头》（*The Big Short*）中就描写了一些投资人于金融危机前，以丰厚的安全边际购入了大量信用违约互换（CDS），卡拉曼就位列其中。[6]

这些投资者到底施了什么魔法？尽管我们对这些人的具体投资信息不得而知，但从大名鼎鼎的价值投资人、历史学家、金融分析师兼记者——詹姆斯·格兰特（James Grant）所主编的知名投资类新闻简报《格兰特利率观察家》（*Grant's Interest Rate Observes*）中，我们可以实时发现一些类似投资的端倪。借用本杰明·格雷厄姆笔下"市场先生"的生动比喻，以此来暗指盘踞金融市场中以短期为导向的交易环境，格兰特的著作《失算的市场先生》（*Mr. Market Miscalculates*）选编了"大空头"之前《格兰特利率观察家》中的部分文章。此书第171页摘录了2006年9月8日的文章，他表示，一家对冲基金已为按揭贷款中风险较高的部分购买了保护，可见其对房地产业持悲观态度。该对冲基金以每年1 425万美元的成本，获得了按揭债务面额为7.5亿美元的信用违约互换。

要想知道这笔投资的安全边际有多大，我们可以从商业保险承销人评估风险定价的算法中略见一二。评估风险定价是将风险转移的保险费除以保险额度，在这个案例中，就是1 425万美元除以7.5亿美元，得到的数值是0.019。对比来说，一般情况下，企业每年至少要支付4万美元来换取100万美元的综合责任保险，对应的数值则是0.04。

后现代时期

价值投资理念已成功运用到众多投资领域当中，包括股票、债券、房地产和金融衍生品，后现代时期的价值投资又将如何继往开来？其中一个答案就是，将价值投资的核心原则更多地运用到企业战略和管理当中。

专业价值投资者一般对企业经理人满腹质疑。举例来说，在《证券分析》一书中，本杰明·格雷厄姆和戴维·多德认为："基本无一例外，管理人员可以凭高远眺，能分清哪些政策是最有效的。然而这并不代表管理人员总能发现或选取对股东最有利的路径。有些人无力胜任这一岗位，还可能将公司带入歧途。"[7]类似的观点和看法不胜枚举。[8]

然而，世事无绝对，凡事有例外。举个例子，费尔法克斯金融公司的创始掌门人普雷姆·瓦特萨在2007—2008年的全球金融危机爆发前，就低价购入信用违约互换，用3.41亿美元的投资，将20多亿美元的收益揽入囊中。虽然我们不了解瓦特萨当时的想法，但由于他是一位企业经理人，他所购买的信用违约互换对比他所管理或者对冲的资产负债表来说是合乎情理的。总的来说，管控重大资产负债表风险敞口共有4种方式，即减少敞口、敞口多样化、降低敞口和对冲敞口，这4种方式均源于价值投资理念，尤其是受安全边际原则启发。在对冲敞口方面，瓦特萨的位置的重要性不言而喻：图1体现了财产保险公司和意外伤害保险公司在2007年第3季度的业绩变动超过10%，位列最右位置的费尔法克斯

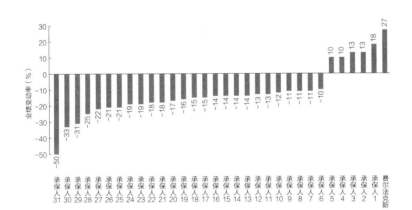

数据来源：Dowling & Partners, *IBNR Weekly* #39, October 5, 2007, 8. 另外31家公司的名称可从Dowling公司查阅获取。我对公司的顺序进行了调整，并在本书结论部分再次讨论这一图表。

图1 财产保险公司和意外伤害保险公司2007年第3季度业绩变化图

金融公司的业绩表现尤其引人注目。

本书的主旨在于将价值投资的观点融入企业战略和管理当中，并为其提供理论依据，后文将会详细阐述，现在我们将视线再次转到价值投资学派的发展沿革。

将每一学派的发展进行梳理并概括到不同时期，这本身就是非常主观的工作，通常需要将其发展沿革对应到各个重要节点。举例来说，巴赫的去世标志着巴洛克音乐时期落下了帷幕。和音乐巨匠巴赫一样，本杰明·格雷厄姆肯定未曾料到，未来会有学者将1973年版《聪明的投资者》的出版列为价值投资学派发展初期的终结。不论如何，这种归纳方式对价值投资人和业内学者来说都十分有益，尤其对放眼未来发展大有裨益。

价值投资理论是否会影响到未来企业战略和投资，我们都无从得知，投资者和企业经理人都可以从本杰明·格雷厄姆及其后继者的经典论著中获得启发。专业价值投资已运用到各种资产投资类别和市场环境之中，巧妙地加以利用能够起到四两拨千斤的作用。为了手把手帮助读者将价值投资原则应用于企业管理，我把此书分为两大部分。

第1部分为价值投资和企业管理构建了理论基础。理论部分不容小觑，因为投资价值首先属于投资这一门类，而非企业管理。在理论基础上，第2部分通过对历史案例的分析，将价值投资理论代入实践，这一部分颇具实操性，也应从实操性的角度来阅读。

与我的第一本书类似，本书的多数章节，包括前言部分以及从第1章到第11章，都是基于我过去发表的研究型论文编写而成。我的学术论文注重探究实际操作，理论联系实际，我期待通过论文的发表发展和传播我的观点和理念。此番旧作重涂，并将之编纂成册，寄希望于本书能触及更加广泛的群体，推动价值投资的研究和发展，希望企业经理人和学者都能从此书中获取灵感，将价值投资更多地应用到广泛的企业战略和管理实践当中。

注释

前言部分包含美国金融博物馆2014年出版的《金融历史》（*Financial History*）中的内容，经许可在此引用，我想感谢弗雷德·希恩（Fred Sean）与我共同撰写这部分内容，也要感谢劳伦斯·坎宁安（Lawrence Cunningham）给我提的意见和建议。任何错误或遗漏都与他人无关。

1. Jason Zweig and Rodney Sullivan, ed., *Benjamin Graham Building a Profession* (New York: McGraw–Hill, 2010), 271.

2. 在1996年伯克希尔-哈撒韦公司年报中，沃伦·巴菲特指出："不过，我们认为，投资学专业的学生只需要上好两门课程——如何评估企业和如何看待市场价格。"

3. Joseph Calandro, Jr., "Graham and Dodd: A Perspective on its Past, Present and Possible Future," *Journal of Investing* 22, no. 1 (2014): 7–16.

4. Bruce C. N. Greenwald, et al., *Value Investing: From Graham to Buffett and Beyond* (New York: Wiley,

2001), 159.

5. John Neff and S. L. Mintz, *John Neff on Investing* (New York: Wiley, 1999).

6. Michael Lewis, *The Big Short: Inside the Doomsday Machine* (New York: Norton, 2010), 105.

7. Benjamin Graham and David Dodd, *Security Analysis*, 2nd ed. (New York: McGraw–Hill, 1940 [1934]), 596.

8. David Einhorn, *Fooling Some of the People All of the Time* (Hoboken, NJ: Wiley, 2008), and Christine Richard, *Confidence Game: How a Hedge Fund Manager Called Wall Street's Bluff* (Hoboken, NJ: Wiley, 2010).

绪论

共同点与进一步研究的领域

当代学术研究已将金融市场行为理论引向本杰明·格雷厄姆和戴维·多德的方向。

——布鲁斯·格林沃尔德[1]

学术金融和专业价值投资之间是否有共同点？回顾职业生涯，我做过企业顾问、研究员和教授，从我的多重身份来看，答案是有共同点。然而更重要的是，对这一问题的思考也可以指引我们做进一步的研究，这对学术和实践都有裨益。以下是我对这一话题的一些思考。

首先我谈一谈有效市场假设。毋庸置疑，大多数人认为，金融市场在大多数情况下能做到完美运转，但其也不乏失灵的时候，投资人很难时刻保持头脑清醒、理智。因此，若有一套方法能够帮投资人了解市场非正常波动、失效运转的起因及带来的后果，并且突破行为经济学的心理学考量，肯定会受到众多专业价值投资者的热烈欢迎。

举个例子，我们先来回顾一下历史上美国政府对金融市场的干预。美国第一任财政部部长亚历山大·汉密尔顿（Alexander Hamilton）承诺全额偿还战争债；[2]1870年美国关税制度的改革，[3]催生了"钢铁大王"安德鲁·卡内基（Andrew Carnegie）的崛起；在2007—2008年的全球金融危机期间，正如沃伦·巴菲特所料，美国政府不可能让通用电气公司和高盛公司这样的企业破产；[4]再看如今美国的货币政策导致超过10万亿美元的固定收入债券跌至负值。[5]回顾历史，美国政府对金融市场产生巨大影响的例子比比皆是。市场行为的非正常波动、市场的上行和下行风险等，都可以归因到政府不同形式的干预政策，对这些现象进行深入分析和研究必将有巨大的实践意义。

接下来，我们谈谈现代资产组合理论和资产定价因素模型，这两个概念都将市场的波动看作一种风险。然而，波动并非等同于风险。事实上，在大多情况下，大多数波动的证券，遭受损失的风险是最小的。"例如2001年因财务丑闻风波破产的安然公司，其债券曾以低至面值10%的价格交易，而期望的最终回报近乎该交易价格的6倍。"[6]相似的案例屡见不鲜，[7]因而一些投资人运用这些模型作为逆向指标（contra-indicators）。然而，这并不代表当代资产组合理论的波动性和相关数据，以及资产定价因素模型没有任何战略价值可言。

举例来说，一些顶尖的专业价值投资者对管理机构资金饶有兴趣。机构资产配置战略与专业价值投资战略其实有着天壤之别。事实上，机构经常在专业价值投资者购入资产时抛售资产，在专业价值投资者抛售资产时反而买入资产。因此，专业价值投资战略与机构资产配置战略往往反向而行，在推崇当代资产组合理论的分析中，这样的案例数不胜数，很多机构投资者将此理论奉为圭臬。因此，我在本书第1章特意举了这样一个例子。

同理，资产定价因素模型也可以从这一逻辑进行分析。如果你摒弃"模型可以丈量风险"的错误论断，将视线聚焦于模型可以帮助企业在资产配置过程中计算出预期收益率的这一优点，模型的价值就发挥到了实处。举例来说，我为财产保险公司和意外伤害保险公司制作了一个双因素模型，并成功将其运用到了公司和业务发展层面。[8]简而言之，现代资产组合理论和资产定价因素模型可以增加价值投资分析的传统方式。依我看来，两者不能一概被认为一无是处。

在现代金融理论中，我最不认可的一个观点就是"资本结构毫无意义可言"。我看到很多公司将资本结构视为最为重要的战略考量，但回顾广义经济理论的发展历程，我们很难为资本结构的重要性正名。回顾美国前总统罗纳德·里根（Ronald Reagan）1981年上台后的商业和工业贷款情况，无论如何争论你最终都会变得哑口无言（如图0-1）。[9]

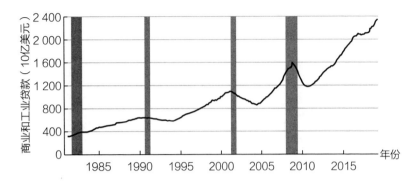

注：阴影部分指美国的经济衰退。

数据来源：美联储经济数据https://fred.stlouisfed.org/series/BUSLOANS
（数据获取时间：2019年5月16日）。

图0-1　1981年1月1日至2019年4月1日的商业和工业贷款数据

　　避开宏观趋势不谈，我们知道市场存在"信贷周期"，一些举债过高的资本结构会在下降周期来临时变得不堪一击。哪类资本结构会崩盘，何时崩盘，这些问题我们都不得而知，但这并不意味着这些资本结构的风险敞口无法评估或管理。那么，资本结构在什么时候能对投资发挥最大作用呢？这样的学术研究一定是非常有意义的。讲到私人中间市场贷款在2019年年中的案例，吉姆·格兰特（Jim Grant）如是说：

> 私人中间市场贷款是一种自助（DIY）产品。机构投资者一般是在投机性业务中为他人提供贷款，并将其保留在自己的资产负债表中。私人中间市场因此就绕过了银行，尽管这种投资潜在收益丰厚，需求也很大，但银行很大程度上也乐于被绕过。中间市场缺乏流动性，也缺乏透明度。[10]

尽管如此，或者说正因如此，中间市场发展庞大，规模预计达8亿美元。[11]随着2007—2008年全球金融危机爆发，全球利率大幅下调，很多机构投资者为了寻求高收益率而踏入这一市场。

近期我与一家公司的首席财务官聊天，谈到了他的公司对这一市场的风险敞口，以及如何开始重视私人中间市场贷款组合的累积风险。我立即向他介绍了阿特曼Z值模型，该模型经过时间检验，是一个针对上市公司和非上市公司财务危机的预警模型，我在本书的第10章也会有所介绍。

一周后，这位首席财务官给我打来电话，告诉我他的资金经理反映公司没有计算Z值的相关数据。[12]非上市公司用来计算Z值所需的信息都是非常基础的。

非上市公司的Z值计算公式：

$$Z=6.56X_1+3.26X_2+6.72X_3+1.05X_4$$

$$X_1=营运资本/总资产$$

$$X_2=留存收益/总资产$$

$$X_3=息税前收益/总资产$$

$$X_4=净值/总负债$$

判断标准：

安全区：$Z>2.60$

破产区：$Z<1.10$

灰色区：$1.10 \leqslant Z \leqslant 2.60$

因此，我建议这位首席财务官开始寻找公司组合资产的对冲机会，并尽快更换一名资金经理。[13]了解这类案例在多大程度上与过去的信贷危机相关联，并将其融入某种系统性的信贷风险模型中（这不包括风险价值模型或与风险价值模型相关的模型），对学术和实践来说都是非常有借鉴意义的。但假设是，在本书出版之前不会爆发新一轮金融危机。[14]

下面我们再来探讨金融衍生品和期权定价模型。从很多方面讲，金融学中的四大核心理论处在一个统一的脉络上：如果你相信金融市场是有效的，那你肯定也认为资本结构毫无意义可言，而波动则是丈量风险的主要因素。然而，如果以上论断都与实际不相符，就会出现与定价模型大相径庭的非线性的市场行为。对于身经百战、富有见识的市场参与者来讲，这些变化带来了极其有利可图的投资机会。不过，还没有任何理论对这些市场机会做出过任何解释，能从市场波动中发现机会的人屈指可数。描写2007—2008年全球金融危机的畅销书《大空头》就是围绕这一主题展开的。[15]

再举个例子，我们来回顾一下大空头之前的经济情况。那个时候，我对一家公司的首席财务官分析该公司的累积风险，发现伯克希尔-哈撒韦公司存在很大的风险。伯克希尔-哈撒韦公司的长期信用违约互换当时按照10个基点左右的价格交易。因此，我建议这位首席财务官尽可能地多购入这一信用违约互换产品，但立即被他拒绝了。他说："伯克希尔-哈撒韦公司是不可能破产的！"当然，他的判断是完全正确的，但就金融衍生品定价来说，他的话又是不相关的。长话短说，在2008年和2009年，针对伯克希尔-哈撒韦公司的信用违约互换曾经卖到了400个基点，甚至将近500个基点。

相反，纳西姆·尼古拉斯·塔勒布（Nassim Nicholas Taleb）就抓住了类似的机会，并在诸如《随机漫步的傻瓜》(*Fooled by Randomness*)、《黑天鹅》(*The Black Swan*) 和《反脆弱：从不确定性中获益》(*Antifragile*) 等书中把他的经验描述得淋漓尽致。一些专业价值投资者，如我在前言部分提到的普雷姆·瓦特萨也多次利用金融衍生品的价格波动赚得盆满钵满。此外，我也经常就这一话题为企业经理人建言献策，本书的第1章对此有描述，针对这一话题的学术研究已经颇为成熟。

注释

1. Bruce Greenwald,可参考 *Value Investing: From Graham to Buffett and Beyond*, by Bruce C. N. Greenwald, et al. (New York: Wiley, 2001), ix.

2. Willard Sterne Randall, *Alexander Hamilton: A Life* (New York: Harper Collins, 2003), 385–395, and Thomas DiLorenzo, chapter 2 in *Hamilton's Curse* (New York: Crown, 2008).

3. David Nasaw, *Andrew Carnegie* (New York: Penguin, 2006), 141.

4. Financial Crisis Inquiry Commission Staff Audiotape of Interview with Warren Buffett, Berkshire Hathaway, transcript provided by *Santangel's Review*, May 26, 2010, 6.

5. James Grant, "To the Gnomes of Zurich," *Grant's Interest Rate Observer* 37, no. 7 (April 5, 2019): 1.

6. Seth A. Klarman, "Preface to the Sixth Edition: The Timeless Wisdom of Graham and Dodd," in Benjamin

Graham and David Dodd, *Security Analysis*, 6th ed. (New York: McGraw-Hill, 2009 [1934]), xxiv. 根据投资百科全书网站，"2004—2011年，安然公司为债权人支付了217亿美元。最后一次支付时间为2011年5月"。

7. 类似的案例包括麦道夫投资者的索赔。可参考 Nathan Vardi, "The Great Baupost Madoff Claim Trade That Made a Big Madoff Feeder Fund a Loser Again," *Forbes*, (January 16, 2013).

更多信息详见Erik Larson and Christopher Cannon, "Madoff's Victims Are Close to Getting Their $19 Billion Back," *Bloomberg* (December 8, 2018).

8. Joseph Calandro, Jr., and Francois Ramette, "An Underwriting Approach to Estimating the Cost of Property & Casualty Equity," *Journal of Insurance and Financial Management* 2, no. 8 (2016): 98–111.

9. 里根是第一位开始通过债台高筑维持政府开支的总统。可参考David Stockman, *The Triumph of Politics: How the Reagan Revolution Failed* (New York: Harper & Row, 1986).

10. James Grant, "Risk and Reward," *Grant's Interest Rate Observer* 37, no. 9 (May 3, 2019): 9.

11. Grant, "Risk and Reward," 9.

12. 遗憾的是，这不是我第一次听说这种事。

13. Katherine Doherty, "Father of Z-Score Expects Bigger Bankruptcies in Next Downturn," *Bloomberg*, November 12, 2018.

14. 读者若想了解我对系统风险的理解，可参考Joseph Calandro, Jr., "Systemic Risk and Risk Management: Overview and Approach," *Journal of Insurance and Financial Management*, 2, no. 8 (2016): 1–35.

15. Gregory Zuckerman, *The Greatest Trade Ever* (New York: Broadway, 2009).

第 1 部 分

理　论

本书第1章概括了我个人的一些思考：如何将价值投资应用于企业管理。我在撰写本书初稿时将这一章放在了结论部分，但一些评论家强烈建议我将这章移到第1部分开头。经过深思熟虑，我接受了他们的建议，因为这章其实是为后文定了基调，呼应了后文的探讨。

历经商场的风霜雪雨，我发现价值投资原则可以帮助企业经理人解决现有的商业问题，但并不是说价值投资原则必须要从头到尾贯穿企业管理的始终。举例来说，在一项并购案中，如果收购方要支付巨额的控制权溢价，安全边际原则就可以派上用场，来帮助价值投资者推动企业战略，我在本书第2章有详细介绍。

在本书第3章，我讨论了现金对企业战略发挥的作用，并举例分析有哪些专业价值投资者把现金当成他们的竞争优势，这打破了众多企业经理人对现金与竞争优势之间关系的固有理解。

一些企业经理人对本杰明·格雷厄姆和戴维·多德的经典著作《证券分析》十分了解，同时也对沃伦·巴菲特等极负盛名的价值投资人的故事了然于胸。我在和他们谈论时话题十分多样，其中也包括《证券分析》一书中的理念如何应用到企业管理当中。本书第4章收录了我对《证券分析》第6版主编塞斯·卡拉曼的采访。

很多企业经理人对那些成功将价值投资原则运用到企业管理的实际案例，以及其产生的具体成果颇有兴趣。在对话中，我经常会举特利丹公司已故联合创始人亨利·辛格尔顿的例子帮助他们理解，本书第5章有对亨利·辛格尔顿的介绍。

当今社会，行为经济学大行其道。该学科成立时间不长，但其实价值投资者多年前就已经开始将"理性"视为资源配置能力的重要标志。因此，本书第6章探讨了价值投资中的理性因素，对企业和投资经理有很大的指导意义。

不可否认，如今企业管理的概念不再限于经营层面，更多地开始涉足投资和金融管理。马丁·惠特曼就走在这一领域的前沿，本书第7章收录了几年前我对他进行的一次采访，希望能对企业管理有借鉴意义。

能力固然重要，但企业的成功广义上来说就是价值的实现。因此，我们坚信，实现价值是"最重要的事情"，这点出了本书第8章的题中之意，这是本部分最后一章。

接下来我再介绍一下这一部分的结构特点。本书的一些章节，尤其是第2、4、5、7、8章都是基于一些极其著名的价值投资文献，我从中总结出了一些对企业管理有益的观点。这是因为价值投资的很多材料属于投资类，而非企业管理。但这并不意味着这些材料没有任何管理类价值，毕竟，诸如沃伦·巴菲特、马里奥·加贝利、保罗·辛格尔（Paul Singer）和米奇·朱利斯（Mitch Julis）等专业价值投资者都是一手创办并成功打造出了非凡的商业帝国。通过阅读这些价值投资方面的文献，我试图在价值投资和企业管理之间搭建一座桥梁。很多企业经理人从来没有了解过或者研究过价值投资理念，希望我的介绍能够给他们耳目一新的感觉，并让他们获得新的感悟。

最后，我再来解释一下这些章节中所选用的一些价值投资文献。选择标准有以下几点：第一，文献为成功的价值投资者所撰写；第二，文献意义重大，影响深远；第三，文献的作者乐意接受我的采访；第四，我从文献中总结的发现有一定影响力，可以发表在面向企业管理类从业者的期刊上。这些文献都是我精心挑选而来，希望企业经理人和研究学者都能从中受益。

第 1 章

价值投资和企业管理综述

真正的价值投资者会利用投机大众反复出现的过度乐观和过度忧虑情绪来做投资决策。

——本杰明·格雷厄姆[1]

管理者是否会按照本杰明·格雷厄姆和戴维·多德的原则用股东的钱做投资？

——格伦·格林伯格[2]

在此引述格林伯格的话，并不是说企业经理人要摇身一变成为专业的价值投资者。价值投资仅仅是资金管理的冰山一角，而真正成功的价值投资人寥寥无几。企业经理人往往擅长战略和经营，而不是投资。当然也有例外，比如传媒大亨约翰·马龙（John Malone）、费尔法克斯金融公司的掌门人普雷姆·瓦特萨、洛斯公司的缔造者蒂施家族等。尽管如此，企业经理人还是可以从多个实际角度"按照本杰明·格雷厄姆和戴维·多德的原则进行投资"。

首先，我们来探讨有合规资产负债表的公司。机构资产配置策略通常用于记录在资产负债表上的资金的投资。这些策略一般也是周期性的：投资收益会随着市场的波动而时涨时跌。因此，采用了这些策略的企业也会运用风险价值模型或其他类似的模型来指导他们的资产组合管理。因为价值投资从本质上讲是逆向投资，[3]往往与常见的投资策略背道而驰：常规投资者购买资产时，价值投资者反而会抛售资产，反之亦然。所以，专业价值投资策略一般风险价值较低，但整个投资组合会有更高的回报。

在这里，我想先讲一下我的一些经验背景。我对常规的资产配置策略和风险价值模型都不太认可。如果我是一家公司的经理，一定会尽可能地减少对这两者的应用。我不是企业经理人，但我在一些公司担任顾问。出于种种原因，这些企业经理人往往会在管理他们的资产组合时应用风险价值模型。要想发挥应有价值，我不得不适应这个以常规投资策略为主导的体系。我所就职、担任顾问的企业当中，有一些资本化程度很高。通过分析，我建议这些公司至少配置一小部分组合资产给专业一流的价值投资基金来运作，这样一来，他们就能在降低风险的同时增加组合资产的收益，如图1-1所示。

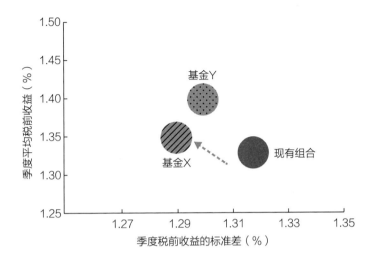

组合类型	组合规模（亿美元）	1/250的风险收益（百万美元）	1/500的风险收益（百万美元）
● 现有组合		−168	−178
▨ 基金X	132	−165	−175
▨ 基金Y		−164	−175

注：企业和基金的名称在此不便透露，图中也不显示实际组合的资金体量和比例。图中表内阴影部分反映了现有组合在各个收益区间或置信水平下的风险价值。

图1-1　波动性（而非风险）与机构投资组合收益对比

图1-1描述了两支价值投资基金的加入对某金融机构投资组合的影响，这两支基金的名称在此不予披露。从图中可以看出，即便在市场波动较小的2017年，两支基金都对整体的资产组合业绩产生了巨大的积极效应。正如上文所述，专业价值投资往往是反周期的，因此，市场波动比较大或市场

低迷时期，[4]基金的表现反而更好。尽管这些数据已经十分具有说服力了，但愿意抓住这一机会的企业经理人少之又少。我经常会被问到以下问题：

> 问：你说专业价值投资收益这么好，为何很少有人选择这条路呢？
>
> 答：这类机会之所以存在，是因为很少有企业经理人考虑这些机会，更别说付诸行动了。
>
> 问：这一点也说不通。他们为什么不考虑这些机会？不可能人人都看不到机会吧。
>
> 答：像伯克希尔-哈撒韦、费尔法克斯、洛斯和马克尔等公司就是遵循这一原则投资的，这些公司的高管多次透露，他们这样做已经很长时间了。再者，这一原则为什么没有得到广泛运用，可以参考《点球成金》（Moneyball）一书当中类似的问题：为何在奥克兰运动家球队之前，其他球队的经理人没有采用赛伯计量学呢？人们往往对自己熟悉的东西过于眷恋，而在资产配置过程中，企业管理人员一般对专业价值投资了解甚少，投资顾问和投资银行也不会为他们提供这类的建议。所以，机会之所以存在，是因为人们往往没有看到机会，或者故意忽视了机会。

我们不妨再看一个企业风险管理的例子。在吸取了2007—2008年全球金融危机的教训之后，很多企业把大量的时间和精力用在风险管理建设上，主要着眼于合规、监管和内部汇报，殊不知这可能会影响到企业的业绩发展。举个例子，我上文也提到过，采用机构资产配置策略的企业，当市场周期下行或者市场出现波动的时候，会面临亏损的风险。尽管这是尽人皆知的事实，但愿意积极管控风险的管理人员却难得一见。例如，在2017年年中到年底的那段时期，我与一些企业经理人谈论过他们的资产组合，其中有较大份额配置到了股票或类似的资产上。以2017年5月26日为例，波动率指数（VIX）当天开盘价为12.29美元，最高达到12.52美元，最低达到9.65美元，收盘价为9.81美元。[5]

考虑到金融衍生品的风险敞口和非线性本质，我建议企业经理人密切关注波动率指数，哪怕是配置相对少一点投资到其中，也可能会有意想不到的收获。不过，在他们与投资顾问和投行讨论过后，能够在2018年2月初期波动率暴涨之前抓住这一时机的人屈指可数。我们用数据说话，2018年2月9日，波动率指数开盘价为18.44美元，最高达到50.30美元，最低跌至16.80美元，收盘价为29.06美元。[6]

数周后，我接到了几通电话，都是和我分享后续情况的，通话内容基本如下：

问：你太厉害了，你是怎么预测到波动率指数会在一年内飙升的？

答：谢谢，我当时只是注意到股票风险定价非常低，并把这一情况告知了那些在股票和股票相关市场风险敞口较大的客户。我不知道股票市场波动率指数具体什么时候会大涨，但是知道它会涨就足够了。如果你有一个很大的风险敞口，而投保或对冲它的价格却很低，这样的机会何不利用一下？假设你住在常常会出现飓风的地方，一家保险公司向你低价提供保险，你何乐而不为呢？暴风雨何时到来我们不得而知，但我们知道它早晚会来，如果你为自己的房子买了保险，保额又极高的话，还有什么可担心的呢？[7]同样的逻辑也适用于资本市场。[8]

避开以上这些案例不讲，本书撰写的一个前提是，价值投资原则不仅可以运用于企业投资，也可以运用于企业战略和管理。在展开论述之前，我们先来梳理一下价值投资运用到企业管理过程中应该考虑的几个方面。不过，我想先发布一个免责声明，以下内容仅代表我个人观点，并且只是一个综合框架而已，而非一个"接受"或"拒绝"的研究假设。并不是所有人都认同我的观点。即便我说的、做的都是对的，也会有反对的声音。不过，我希望读者在阅读后面章节时都能将以下考量牢记于心，但愿这些内容对读者来说是有价值的。

管理之道1：创造独一无二的客户价值定位，并考虑如何利用安全边际原则不断提升这一定位。举个例子，很多人排着队都想把价值一美元的资产以几美分的价格卖给沃伦·巴菲特，这种做法不但没有遭到冷嘲热讽，反而被交口称赞，除非被监管部门所制止，被告上法庭，或者受到惩戒。依我看来，就是这一成就，使巴菲特能与美国商业史上不可多得的战略家约翰·洛克菲勒（John D. Rockefeller）齐肩。[9, 10]

当然，我也可以举一些不那么戏剧化的例子，但你需要在遵循安全边际的前提下，具体问题具体分析，而不是照搬照抄别人的方法，所以这可能会比想象中困难不少。最简单的方法就是随大流，别人买什么你就买什么，别人在什么价位买入你就跟着一起买，然而保持逆向思维、不随波逐流才是最难做到的。

管理之道2：为企业经营活动做正确的融资决策。找到合适的投资者，向合适的人借钱，你的战略执行就会有坚强的后盾。反过来，如果做错了决策，一步走错，步步都会出错，最终结果也不会令人满意。我在这里举了一些例子，希望读者引为借鉴：

（1）托马斯·爱迪生和乔治·威斯汀豪斯（George Westinghouse）都是历史上杰出的创业家，两人创造力非凡，但都因为债务问题将自己一手创办的企业拱手让给了别人。

（2）杰伊·古尔德（Jay Gould）帮助联合太平洋公司转危为安之后，因为无力承受沉重的政府债务，又卖掉了手中的公司股份。本书第11章对此进行了详细的讨论。

（3）史蒂夫·乔布斯（Steve Jobs）被董事会投票逐出苹果公司，不过后来他王者归来，又成就了一番丰功伟业。

简单来讲，融资和资本结构对企业来说至关重要，仅次于战略对企业的重要性，所以我将战略置于第一个需要考虑的因素。曾有一位专业价值投资者向我阐述他的观点：我们想要投资的对象是那些不断优化经营杠杆的企业，这是"好的杠杆"，对于想方设法在财务杠杆做文章的企业，我们敬而远之，因为这是"坏的杠杆"。如果哪个公司运营杠杆低，但财务杠杆高，那它们距亏损也就不远了，我们会密切关注它的发展情况，这可能会带来机会。

当然，凡事不绝对，事事有例外。像约翰·马龙这样杰出的企业经理人，债台高筑换来的结果则是长期的收益，但这样的例子屈指可数，不是人人都能有他那样高超的能力和禀赋。对于普通人来说，还是尽量减少举债规模，在行情好的时候着重积累资金，以便在行情差的时候低价购入资产。[11]

管理之道3：把握好"平衡"。越来越多的企业经理人不仅有超强的经营能力，还掌握更高水平的投资和财务技能。时刻都保持这3种技能的平衡并非易事，能够兼而具之的人更不可多得。

要想做到这3点的平衡需要同时关注市场周期，还要时刻从反市场周期的角度思考。时下市场周期的资料可以从一些传统渠道获得，但反市场周期的信息则需要另辟蹊径。本书的前言部分就介绍了费尔法克斯金融控股公司的普雷姆·瓦特萨在"大空头"前所持头寸是如何乘着"大空头"的东风实现日进斗金的。通过阅读《格兰特利率观察家》的文章，我了解到类似的机会，同时我还在该刊物中发现了波动率指数过低有利可图的重要商机，这在本章的前面部分有过介绍。《格兰特利率观察家》是一本价值投资领域的权威期刊，但阅读此刊的企业经理人确是凤毛麟角，同样，麦嘉华（Marc Faber）的经典投资杂志《股市荣枯与厄运报告》（*The Gloom Boom & Doom Report*）也很少成为企业经理人的阅读材料。我建议读者至少先从这两本期刊入手。

　　能获取其他信息的渠道也很广泛。迈克尔·刘易斯在他的畅销书《点球成金》中介绍了赛伯计量学是如何一步一步运用到职业棒球比赛中的。本书第10章我也会再介绍此书中的另外一个例子，即通过使用财务危机预警模型扭转管理困境。毋庸赘言，只有使用模型的人——不管是分析师还是企业经理人，能够完全理解模型的意义，模型才会发挥其实际的价值。

　　企业经理人还需要把握好时间的分配，这一点至关重要，但经常被误解。例如，2012年，记者托马斯·E. 里克斯（Thomas E. Ricks）写了一本发人深省的著作《大国与将军》（*The Generals*），这本书有力地证明了第二次世界大战至今，美国将军的地位有所下降。我在视频网站YouTube

上看过他在美国加州大学伯克利分校发表的一次演讲，他讲到驻伊拉克美军前最高指挥官里卡多·桑切斯（Ricardo Sánchez）是如何教训下属的。他说："昨天你说军营里少了24个轮胎，今天又说少了22个！你难道找到了另外2个轮胎吗？！"里克斯举这个例子是想说明，像军队最高指挥官这样的高级别人物没有必要把时间浪费到轮胎到底多了还是少了的问题上。我相信阅读本书的读者肯定认同他的观点，但真正能做到有效时间管理的企业经理人寥寥无几。

一般来讲，管理分三大类：第一类关于现有产品和服务的管理，涉及生产这些产品或服务的运营管理。这类管理需要大量时间和精力，经常被定义为日常管理。如果不存在创新或者颠覆因素，企业经理人越是高效，收益也就越高。然而，夸张地讲，重视效率的经理人可能会陷入没完没了的会议、无休无止的事后讨论，以及事无巨细的过分管理。活动量是衡量效率的一个标准，但并不是唯一标准，很多企业经理人往往努力使自己的一天过得忙碌充实，而最容易的方式就是对下属事无巨细的管理。殊不知当今企业的一个诟病就是事无巨细，缺乏战略思考。

尽管企业经理人的大部分时间会用在日常管理当中，但颠覆性阶段来临时，机会也会降临，换句话说，机会存在于实际概率分布的"厚尾"阶段。在这一阶段，价格大幅波动，为资产或负债带来丰厚的安全边际，但很多人对此置若罔闻、熟视无睹。尽管奉行价值投资原则的企业经理人会将大部分精力投入日常管理中，但他们的工作并不会被日常管理所吞噬。

日常管理的好坏会决定短期胜负，但长期来看，胜负角逐取决于企业经理人能否有效地应对"黑天鹅"风险带来的损失，又能否在乱局中抓住机会，这也就是我要讲的管理中的第二类和第三类。[12]这一战略说起来容易，做起来难，真正能够做到游刃有余的人寥寥无几。[13]

公司员工往往会忽视，每天忙于日常事务会形成一种官僚风气和组织惯性，这对公司是极其危险的。打个比方，如果你的公司没有逆向思维的习惯，跟随大多数人购入和卖出的节奏，而且忽略真实概率分布当中的厚尾形态，你肯定也不会特立独行，还会尽可能高效地随大流否则可能会面临被炒鱿鱼的后果。因此，很多成功的价值投资者更愿意自立门户，本书也介绍了为数不多的几个能够力排众议、平步青云走上企业管理人位置的价值投资者，其中包括全球第五大汽车保险公司政府雇员保险公司（GEICO）的前任首席执行官托尼·奈斯利（Tony Nicely）。不过，更多的价值投资者要么创办了自己的公司，要么本身就处在公司高层位置。亨利·辛格尔顿错失当选利顿工业公司总裁的机会，后来创办了特利丹公司，詹姆斯·拉夫勒（James La Fleur）被任命为首席执行官之前就已经在电子元件制造公司GTI公司的董事会了，杰伊·古尔德（Jay Gould）通过投资掌握了联合太平洋铁路公司的控制权，沃伦·巴菲特收购了伯克希尔–

哈撒韦公司，并将之打造成现在的样子，普雷姆·瓦特萨创办了费尔法克斯公司，马里奥·加贝利创办了Gamco投资公司，米奇·朱利斯和乔希·弗里德曼（Josh Friedman）联手创办了峡谷资本顾问公司。

因此，与其他的战略和管理书籍不同，本书并不是一本帮助企业管理者快乐走向胜利巅峰的指南，实际上，执行本书中所提出的理念可能会步履维艰，很多人要么选择自立门户，要么另辟蹊径。然而，不管选择哪条路，都会是筚路蓝缕、历尽艰险，但其中的艰辛对于你自己来说，对客户来说，对员工来说，对投资人和债权人来说都是值得的。

管理之道4：下达明确清晰的指令。我推荐读者阅读我最喜欢的一本书——《孙子兵法》（*The Art of War*）。[14]据记载，孙武曾经为吴王阖闾讲用兵之道，吴王想刁难孙武，言道："你既然对兵法很有研究，不妨好好训练一下我的后宫妃子吧。"孙武慨然应允，他挑选了吴王的两个宠妃担任队长，紧接着他示范了规范动作，并宣读了军队纪律，开始发号施令，只见嫔妃们不但没有听从指挥，反而嘻嘻哈哈地笑了起来。孙武问大家是否还有什么问题，没人回应，所以他继续发号施令，然而仍然没有人听他的指挥，妃子们依旧嘻嘻哈哈。

孙武说，如果没有人听从指挥，他首先会反思一下自己的号令是否清晰，如果号令不清晰，就是将军自己的错。然而，孙武发出了两次清晰明了的号令，但还是没有人听从指挥，那就说明问题出在下级指挥官了。因此，他要求将两位队长斩首，众人大惊失色，接着他又重新任命了两位新队长，并重新发号施令，这次没有人敢不听从他的指挥了。

听了这个故事之后，很多人会把关注点放在被斩首的嫔妃身上，很少有人会质疑孙武是否发出清晰明了的号令。坦白来说，在当今社会的方方面面，思路清晰的演讲和写作越来越缺少人们的重视。很多企业经理人做出的指令往往是模糊不清的，他们可能自己都不知道该怎么做，这就导致了信息沟通不畅。如果是这样，管理者最好有一位下属能够为员工提供实施方案，免得大家绞尽脑汁又茫无头绪。这一建议适用于新员工和老员工。两位被斩首的妃子显然不知道他们会面临何种遭遇，如果她们清晰地明白自己作为队长的职责以及失职所带来的后果，两人的结局可能大不一样。

总的来说，思路清晰的企业管理，对员工、客户、监管方、企业所有人以及债权人都有益，而这前提是言必行、行必果。换言之，企业管理者的行为需要理性，本书第6章也会涉及这一概念。同时我也发现，管理人员越是傲慢，他们的行为越是不理性。

管理之道5：保持谦虚谨慎的态度。[15]《艾森豪威尔总统拯救世界的秘密行动》（*Ike's Bluff*）一书出版后，作者伊万·托马斯（Evan Thomas）在接受采访时表示，他极其钦佩像德怀特·戴维·艾森豪威尔（Dwight David Eisenhower）这样的杰出人士，能力出众又虚怀若谷。大家或许知道，艾森豪威尔总统的能力并不被那一时代的学者所认可，但真相揭秘之后，越来越多的历史资料证明这种论断是错得多么离谱。[16]我认为，艾森豪威尔没有得到他应得的尊重和赞赏，尤其在财政管理方面。他是美国历史上最后一位在财政方面有节制、讲原则的总统，从1961年任期结束到现在，[17]美国再没有出现过一位能与他比肩的大统领。

艾森豪威尔并不是在当选了总统之后才开始变得虚怀若谷、谦卑有度，这种做人做事的风格贯穿他的一生。[18]类似的人物还有杰伊·古尔德，本书将在第11章以大篇幅讲述他的故事，读者可能会一改多年来对他的负面印象。同样来说，或许沃伦·巴菲特所树立的最好的榜样就是一位成功的亿万富翁也可以同时保持谦逊。沿着同样的思路，我发现我所认识的价值投资者都十分谦逊，这与充斥在当今社会上的傲慢氛围甚至有点格格不入，不管是机构投资者、华尔街、企业界、教育界还是媒体界的弄臣小丑，当然也少不了两党的政客们。[19]正是因为价值投资者有着谦逊的品质，他们所管理的企业往往也严格地遵循"无混蛋"规则①，这可能也是参考了罗伯特·萨顿（Robert Sutton）教授的经典著作《论浑人》（*The No Asshole Rule*）。

毋庸讳言，首席执行官"一个人说了算的日子"已经一

---

① 这个词对应的是"混蛋文化"，在这样的文化中，如果你是赢家，那么做个混蛋也没关系，罗伯特·萨顿认为这种文化"非常令人困扰"，相信人们可以在保持友善的同时获得成功。——编者注

去不复返，企业经理人不再唯我独尊。如今的市场很复杂，未来可能会更为复杂，经营好一家企业会越来越难。[20]如果领导是个浑球的话，岂不是难上加难？如今的社会需要更多谦谦君子，成功的企业经理人和投资经理人没有理由不以身作则。[21]

　　管理之道6：将复利最大化、长期化，这也是财富创造之道。价值投资者知道如何实现和推动复利最大化，他们也深谙实现复利最大化的管理之道。

表1-1　价值投资者的企业管理之道

序号	具体内容
管理之道1	创造独一无二的客户价值定位，并考虑如何利用安全边际原则不断提升这一定位
管理之道2	为企业经营活动做正确的融资决策
管理之道3	保持平衡，保持运营、投资和财务技能的平衡
管理之道4	下达明确清晰的指令
管理之道5	保持谦虚谨慎的态度
管理之道6	实现长期产生复利的结果

注释

1. Irving Kahn and Robert Milne, *Benjamin Graham: The Father of Financial Analysis* (Charlottesville, VA: Financial Analysts Research Foundation, 1977), 1.

2. Glenn Greenberg, "The Quest for Rational Investing," in Benjamin Graham and David Dodd, *Security Analysis*, 6th ed. (New York: McGrawHill, 2009), 401. 我对价值投资一般概念的解读详见：Joseph Calandro, Jr., *Value Investing General Principles* (September 21, 2016).

3. 这是2016年我发表的《价值投资的总体原则》当中的第一原则，来源详见上一条注解。

4. 这个例子的数据来自多家业绩一流的价值投资基金，此处我不方便透露这些基金的名称。

5. Cboe Advanced Quotes.

6. Cboe Advanced Quotes.

7. Joseph Calandro, Jr., "A Leader's Guide to Strategic Risk Management," *Strategy & Leadership* 43, no. 1 (2015): 26–35.

8. 写到这段文字时，正值2018年年底，波动率指数已经有所下降。我再次建议一些精英客户以低价购入以对冲风险，但很少有人看到其中的价值，我对这种情况已经司空见惯了。更多信息请见：Michelle Celarier, "How Jim Chanos Uses Cynicism, Chutzpah—and a Secret Twitter Account—to Take on Markets (and Elon Musk)," *Institutional Investor*, September 17, 2018.

9. 巴菲特长期与政府保持良好关系，这使他避免重蹈洛克菲勒的覆辙，免受监管问题的烦恼。有趣的是，尽管这一战略极其成功，但却与他崇尚自由主义的父亲、已故国会议员霍华德·巴菲特（Howard Buffett）的观点格格不入。

10. Rockefeller, see Ron Chernow, *Titan: The Life of John D. Rockefeller* (New York: Random House, 1998).

11. 能把资产负债表中的资产和负债都玩转到位的企业经理人逐渐积累雄厚的资金实力。可参考 Joseph Calandro, Jr., "The ' Next Phase' of Strategic Acquisition," *The Journal of Private Equity* (Winter 2015): 32–33.

12. Nassim N. Taleb, *The Black Swan: The Impact of the Highly Improbable* (New York: Random House, 2007). 英特尔传奇人物前首席执行官安迪·格鲁

夫（Andy Grove）曾评论道："预知危机、未雨绸缪的能力对企业来说至关重要"，可参考 *Only the Paranoid Survive: How to Exploit the Crisis Points that Challenge Every Company* (New York: Currency, 1999 [1996]), 21.

13. "人们往往对解决主要的长期问题的过程大书特书，但实际上他们大部分的行动重点都是在具体的短期问题上尽力而为。"可参考 Robert Sobel, *The Fallen Colossus: The Great Crash of The Penn Central* (New York: Beard, 2000 [1977]), 163.

14. 也可参见 Mark McNeilly, *Sun Tzu and the Art of Business: Six Strategic Principles for Managers*, rev. ed. (New York: Oxford, 2012 [1996]).

15. "谦逊是一种使人不傲慢、不尖刻的品质。"出自 Robin Alexander Campbell, tr., Seneca, *Letters from a Stoic* (New York: Penguin, 2014 [1969]), 177–178.

16. Fred Greenstein, *The Hidden Hand Presidency: Eisenhower as Leader* (New York: Basic Books, 1982). 该书是对艾森豪威尔的重新评估。

17. 正如大卫·斯托克曼（David Stockman）在《资本主义大变形》（*The Great Deformation: The Corruption of Capitalism in America*）（New York: Public Affairs, 2013）指出的：

总而言之，艾森豪威尔的财政业绩是独一无二的。1953—1961财年，联邦支出从GDP的20.4%降至18.4%。以定值美元计算下，联邦预算从6 800亿美元降至6 500亿美元。

之后在任何一位总统任期内，国家排除通胀影响后的预算再也没有减少过。

与艾森豪威尔任期内以定值美元计算的联邦支出的下降情况形成鲜明对比，在随后的三次战争期间，实际支出急剧上升。肯尼迪·约翰逊任期期间，实际支出增长了50%，而里根任期的8年内，排除通胀因素后的总体联邦支出增长了22%。乔治·沃克·布什在任期间，联邦支出增长率到达历史最高位，增长率为53%。

若想了解艾森豪威尔总统任期期间的更多财政政策，详见William McClenahan, Jr., and William Becker, *Eisenhower and the Cold War Economy* (Baltimore, MD: Johns Hopkins, 2011).

18. 约翰·艾森豪威尔（*John S. D. Eisenhower*）在《艾森豪威尔大传：一部儿子写给父亲的传记》（*General Ike: A Personal Reminiscence*）（New York: Free Press, 2003）中写道，"作为国家总统，艾森豪威尔认为谦卑必须是他的行为准则"。同时也可查阅Carlo D'Este, *Eisenhower: A Soldier's Life* (New

York: Hold and Co., 2002).

19. 政党与政府部门有很多不同。尽管有些政府部门效率低下，但有一些部门则一直保持高效运转。例如美国法警署效率就非常高，其主要任务是将最危险的罪犯绳之以法。与其他执法部门不同，法警署多年来出色地完成任务，却时刻保持低调。若想了解该部门的更多信息，以及如何将该部门的做法应用到企业管理中心，详见Lenny DePaul, Joseph Calandro, Jr., and Eric Trowbridge, "What Corporate Executives Can Learn from the U.S. Marshals Service," *American Security Today* 17 (October 2017): 17–27. 也可以参见：Lenny DePaul and Joseph Calandro, Jr., *Strategy Through Execution: Lessons from the U.S. Marshals* (October 4, 2017) [September 25 (2017)].

20. James Grant, "Business Is Hard," *Grant's Interest Rate Observer* 34, no. 6 (March 25, 2016): 11.

21. Chris Schelling, "The 'No Jerks' Rule of Investing," *Institutional Investor*, September 13, 2018.

第2章

企业战略和"安全边际"

一个公司的资产价值、盈利能力，与同行业其他公司相比的财务水平，盈利趋势以及管理人员的环境应变能力，所有这些因素都对公司证券的价值有非常重要的影响。

——本杰明·格雷厄姆和斯宾塞·麦勒迪斯

（Spencer Meredith）[1]

什么样的公司可称作好公司？它需要有较高的进入"门槛"、有限的资本需求、可靠的客户、较低风险的技术淘汰概率、巨大的增长潜力和日益增长的现金流。

——塞斯·卡拉曼[2]

正如上文所述，安全边际原则指的是，投资者购入资产的价格或成本比保守估算的价值还要低，价值投资者将这一原则奉为圭臬。事实上，沃伦·巴菲特明确要求伯克希尔-哈撒韦公司，"任何资产购入都要符合安全边际原则。如果一只股票的价值仅略微高于其价格，该股票也不会在我们的

兴趣范围之内。我们坚信，本杰明·格雷厄姆的安全边际原则是我们投资成功的重要基石。"[3]塞斯·卡拉曼在他的书中探讨过安全边际的实际应用：

（1）价格低于潜在商业价值的时候就是购入资产的好时机；多考虑有形资产而非无形资产（这并不意味着无形资产没有好的投资机会）。

（2）当好机会来临时，考虑替换现有的资产配置。

（3）当市场价格开始接近其潜在价值的时候抛售资产；尽可能地手握现金，除非有其他更好的投资机会。[4]

有些人可能认为，这些标准属于资金管理的范畴。然而，企业战略往往会促使企业投资，因此本章会在企业战略的角度下逐一分析这些标准，帮助企业经理人了解安全边际原则在企业战略中的应用，并为本书的后文奠定基础。

价格低于潜在商业价值的时候就是购入资产的好时机

安全边际原则可以说类似于折扣定价，与企业战略最重要的原则"低成本"殊途同归。[5]然而，也有不少企业经理人拿捏不好时机，在高价的项目上跌跟头。例如，在2011年第一季度，企业经理人"完成了自雷曼兄弟破产以来最多的高价并购业务"。[6]提到雷曼兄弟，大家想必并不陌生，其实它早在破产之前就完成了大量高价并购业务，不少公司步其后尘。相比之下，伯克希尔–哈撒韦公司在安全边际原则指导下进行的并购项目就明智多了，上文已有介绍，在此不再赘述。

同样，雷曼兄弟也会在价格很高的时候回购公司股票，[7]价格之高令一些员工认为公司应该抛售股票而非回购股票。

低价买入的资产同时也有利于风险对冲和管理。例如，很多现代金融模型包括市场波动的变量，当波动数值低的时候，金融工具往往价格很低，[8]这也正是对冲风险的好时机。然而，正如我在前言中所说，很少有企业经理人会利用这一战略机会，或许他们更多地关注短期业绩目标而非长期收益。[9]不管何种原因，很多企业经理人往往只会在价格波动的时候才想到对冲风险，殊不知价格飙升之后对冲成本也随之大幅增加了。[10]

相比之下，塞斯·卡拉曼就精明多了，"他会购入一些所谓的'廉价保险'，如看跌期权和信用违约互换来保护他的包普斯特财务管理集团免遭股票市场下跌或通胀大幅上升的风险。该公司在2008年10月致股东的一封信中提到公司因信用违约互换获取大幅收益，但并没有提到信用违约互换是一种防御风险的手段。"[11]据记者迈克尔·刘易斯了解，塞斯·卡拉曼是为数不多的几个在2007—2008年全球金融危机之前低价购入信用违约互换的投资者。[12]

多考虑有形资产而非无形资产

从企业战略角度讲，"多考虑有形资产而非无形资产"的这一标准可以翻译成"保护和管理好你的资产负债表"，这与金融经济理论中的"资本结构毫无价值论"水火不兼容。[13]任何一场金融危机，包括2007—2008年的全球金融危机，都可以证明，资本结构和资产负债表管理至关重要。例如，雷曼兄弟在2008年破产之前的债务股本比高达44∶1。[14]更令人惊讶的是，在金融危机之前的牛市期间，很多金融高管竟然不了解自己公司的资产负债表。例如，在《大空头》中，一位投资者回忆起他与华尔街一些企业的首席执行官开会时的情景，当被问到公司的资产负债表这种基本问题时，那些首席执行官竟然一问三不知，"他们竟然不知道自己公司的资产负债表情况"。[15]

相反，资产负债表分析这一学科自创建以来，一直都处于价值投资的核心位置。布鲁斯·格林沃尔德认为，"本杰明·格雷厄姆和戴维·多德十分重视资产负债表的评估情况，这是他们对内在价值分析理论最重要的贡献之一"。[16]原因何在？以下这段摘自《安全边际》一书中的文字做出了解释：

> 自古以来，投资者一直都看好那些手握大量"隐形资产"的企业投资机会，包括资金充沛的养老基金，资产负债表中低于市场价值的房地产资产，或者是有投资价值的金融子公司，这些资产一旦出售，投资者都可以赚得盆满钵满。但随着企业和资产价值一跌再跌，一些隐形资产可能会变得没

> 那么有价值，甚至在某些情况下会变成隐形债务。例如，股票市场下跌可能会削弱养老基金的价值，之前资金充沛的项目可能一时间变为资金不足，一些公司资产负债表中的房地产资产价格可能不再低于市场价值……[17]

积极管理企业资产负债表的高管们一般通过积极的战略风险管理和加强与股东沟通来缩小隐形资产带来的"价值差异"，[18, 19]或者缓解隐形债务所带来的潜在价值破坏。[20]

有价值的无形资产也是投资的好机会

无形资产也有好的投资机会，例如特许经营企业——在价值投资领域，特许权价值是企业把握持久竞争优势的来源。竞争优势概念是现代企业战略的根基。然而，由于这种资产是触不可及的，生命周期也很难确定，因此其竞争优势很难用价值来衡量。[21]尽管如此，能够创造并延续竞争优势的企业，在某些情况下会存在丰厚的安全边际，往往会带来一本万利的并购机会。一个经典的例子就是1995年沃伦·巴菲特并购美国的GEICO公司，该并购的安全边际很大，对于企业的长期发展也非常有益，我们将在第9章详细探讨这一案例。

当好机会来临时，考虑替换现有的资产配置

　　已故的战略管理学前辈布鲁斯·亨德森（Bruce Henderson）曾表示，"不是所有公司都掌握其金融资产的控制权，但金融资产的重新配置确实是企业战略的重要一环。"[22]重新配置资源和资源转移的方法有很多，这里我来罗列两种。第一种就是将企业一大部分股权通过特别股息的方式分配给股东以偿还债务。这种资本配置会产生如杠杆收购所带来的经营动力和压力。举个例子，希悦尔集团就在1989年用这种方式重新配置了资本，目的是利用"公司的资本结构来影响甚至推动企业的战略和文化"。这一目的显然实现了，该公司的业绩优于标准普尔500指数的四倍之多（每年收益平均增长将近30%）。[23]

　　第二种资产配置涉及企业基本业务的变化。最典型的一个例子就是英特尔公司，该公司在20世纪80年代中期将资本从最核心的存储芯片业务撤离，转而投入到新兴的微处理业务。这一转移助力英特尔抓住了始于20世纪90年代并持续至今的科技热潮。[24, 25]

当市场价格开始接近其潜在价值的时候抛售资产

　　管理层的一大核心任务就是使企业价值最大化，这是不言而喻的道理。但很少有人明白什么叫作价值"最大化"。

例如，它可以理解为达到尽可能最高的价格，也可以理解为根据企业的基本情况达到较为合适的一个价格区间。两种理解其实大相径庭，因为一味地追求尽可能高的价格对企业的长期发展不利，同时也会带来很多风险（这类案例不在少数，雷曼兄弟、安然、世通的失败依旧历历在目）。相反，追求一个合适的价格区间更有利于企业的长期发展，但这需要管理者洞察企业的价值，并采取高效的策略来持续管理和传达这个价值。[26]伯克希尔–哈撒韦公司长期采用这一方法，其董事长兼首席执行官这样解释道：

> 有可能的话，我们希望每个伯克希尔–哈撒韦的股东在持有公司股票期间的损益都与同期公司的内在价值波动成正比……我们希望伯克希尔–哈撒韦公司的股票价格处于合理区间，而不是越高越好。[27]很明显，查理（指查理·芒格）和我无法控制公司的股价。但通过经营与沟通策略，我们可以推动股东做出明智且理性的决定，使股票价格也趋于合理。我们对股价高估和股价低估都一样反感，这种行事方式可能会让部分股东感到失望。然而我们相信，伯克希尔–哈撒韦公司的长久发展，需要的是希望公司不断发展的长期投资者，而不是从合作伙伴错误的投资决策中获利的人。[28]

一个合理的长期市值也有助于精准决策。已故的价值投资者亨利·辛格尔顿将工人酬金保险业务公司Argonaut和特利丹最大的保险公司Unitrin两个子公司从特利丹公司剥离出来就是个不错的例子：两公司的剥离是出于公司基本面和财务战略方面的考虑，这一做法也受到了投资界的赞赏。时至今日，这一决策依旧对企业管理有很大的意义。有分析指出，"众多案例显示，企业的拆分与剥离肯定比企业破产的后果好得多"。[29]

尽可能地手握资金，除非有其他更好的投资机会

现金的价值往往被不少人所忽视。多余的现金，或者说企业短期不需要的现金和有价证券，往往并不会纳入现金流折现值（DCF），[30]但通常会快速投入企业并购或股票回购当中，即便当时的购入价格处于高位。[31]相反，专业价值投资者"更乐于拿着现金不放，除非有更好的投资机会出现……流动现金给了投资者更多的灵活度，使其能够随时以最低的交易成本用于其他投资"。[32]例如，塞斯·卡拉曼的对冲基金的业绩一直数一数二，殊不知该基金经常手握平均30%的现金。[33]另外，有人这样形容洛斯公司已故的前掌门人拉里·蒂施，"他对少有的投资机会有着敏锐嗅觉，随时准备着大量现金，在机会来临时就能稳操胜券"。[34]伯克希尔–哈撒韦公司2010年年报中声明，公司"承诺手握

至少100亿美元的现金，这不包括公司日常运行和铁路业务方面所需要的现金。按照这一承诺，公司经常留有至少200亿美元的现金，因而即便在金融风暴的影响下，我们也可以经受住前所未有的保险损失（卡特里娜飓风造成的30亿美元的损失是保险业遭遇的最大的一次滑铁卢）并迅速抓住并购和投资机会"。[35]

建议和结论

将价值投资原则运用到企业战略，可以从以下几步做起。

第一，企业战略专家要积极地运用经济手段管理损失风险，保护企业资本。[36]事实上，安全边际原则的一大优势就是能够"降低损失风险"。[37]正如詹姆斯·格兰特所说，"便宜就意味着安全"[38]这一解释确实十分有见地。

第二，大多企业和投资经理人往往利用相对价值衡量业绩，也就是说"在衡量投资结果时，用的不是绝对标准，而是像道琼斯工业指数和标准普尔500指数等各类股票指数"。殊不知，这种衡量业绩的方法"可能并不能评估出投资是否有吸引力甚至是否合理"。[39]相反，专业的价值投资者更注重绝对业绩，因为简单来说，"绝对收益才是最重要的业绩，毕竟相对业绩并不能拿来当饭吃"。[40]

第三，企业长期的妥当管理是实现"优秀的绝对业绩"的前提。换句话说，只注重短期利益不利于企业的长久发展。

第四，专业价值投资者通过自下而上的分析来评估风险和收益，[41]需要抱着"审慎怀疑"的态度对所有相关信息进行仔细研究，[42]这需要大量的时间和精力。反过来，自上而下的分析，尤其在运用量化模型的情况下，往往更为方便快捷。但两种方式带来的结果往往迥然不同，这也解释了为何很多专业价值投资者在困难时期仍具有偿债能力，甚至还能购入资产，而很多其他投资者却穷困潦倒，被迫出卖资产。

自下而上的分析并不是企业管理的灵丹妙药——人非圣贤，孰能无过。价值投资者会通过保守的分析控制出错的风险，塞斯·卡拉曼这样写道：

> 所有的预测都可能出错，乐观主义往往会将投资者置于危险的边缘。只有保证正确无误，才会避免损失。保守的估计往往有利于目标的实现，甚至会超出预期。我们建议投资者做保守的估算，并且只在价格大大低于价值（也就是存在安全边际的情况下）的时候进行投资。[43]

最后，企业经理人"不要采取不可预知、缺乏考虑的行动，增加战略的不确定性"。[44]这也就是说，大环境不好的时候，或者投资机会匮乏的时候，投资者就要多多积累手中的现金，我们在下一章将会详细解释这一观点。

注释

本章包含了《战略与领导力》(*Strategy & Leadership*)杂志中的内容，经授权在此引用。我想感谢塞斯·卡拉曼对我的前几稿提出的问题、评论和建议，我受益匪浅。任何错误或遗漏都与他人无关。

1. Benjamin Graham and Spencer Meredith, *The Interpretation of Financial Statements* (New York: Harper & Row, 1998 [1937]), 77.

2. Seth A. Klarman, "The Timeless Wisdom of Graham and Dodd," in Benjamin Graham and David Dodd, *Security Analysis*, 6th ed. (New York: McGraw–Hill, 2009), xxxv.

3. Berkshire Hathaway Annual Report, 1992, http://www.berkshirehathaway.com/letters/1992.html.

4. Seth A. Klarman, *Margin of Safety: Risk-Adverse Value Investing Strategies for the Thoughtful Investor* (New York: HarperBusiness, 1991), 94.

5. Walter Kiechel, chapters 3 and 11 in *The Lords of*

Strategy: The Secret Intellectual History of the New Corporate World (Boston, MA: HBS Press, 2010)。此外，布鲁斯·亨德森在《商业战略的逻辑》(*The Logic of Business Strategy*)(Cambridge, MA: Ballinger, 1984)中指出，"成本效率会优化价值成本比"。此外他还表示，"战略行业分析会优化边际竞争比"。

6. Zachary Mider, "New Deal Rush Pushes Takeovers to Most Expensive Since Lehman," *Bloomberg*, March 30, 2011.

这一趋势一直持续到作者撰稿时（2018年年中）。详见 Lucy White, "Global Deal Values Are Expected to Hit a Record High in the First Half of 2018, as the Total Has Already Bombed Through $1.7bn," *CITY A.M.*, May 4, 2018.

7. 类似行为我写到现在（2018年年中）还一直存在。Ryan Derousseau, "Why Stock Market Buybacks Should Make Investors Nervous," *Fortune*, April 20, 2018.

8. 详见沃伦·巴菲特在伯克希尔–哈撒韦公司2010年年报。

9. "人们往往对解决主要的长期问题的过程大书特书，但实际上他们大部分的行动重点都是在具体的短期问题上尽力而为。"可参考Robert Sobel, *The Fallen Colossus: The Great Crash of the Penn Central* (New York: Beard, 2000), 163.

10. Dana Mattioli and Chana Schoenberger, "For Some, Currency Hedging Is No Gain," *Wall Street Journal*, February 19, 2011.

11. Charles Stein, "Klarman Tops Griffin as Hedge–Fund Investors Hunt for 'Margin of Safety,' " *Bloomberg*, June 11, 2010.

12. Michael Lewis, *The Big Short: Inside the Doomsday Machine* (New York: Norton, 2010), 105.

13. Franco Modigliani and Merton Miller, "The Cost of Capital, Corporation Finance and the Theory of Investment," *The American Economic Review*, 48, no. 3 (June 1958): 261–297. 此外，还可参考Donald MacKenzie, *An Engine, Not a Camera: How Financial Models Shape Markets* (Cambridge, MA: MIT, 2006).

14. Lawrence McDonald and Patrick O'Brien, *A Colossal Failure of Common Sense: The Inside Story of the Collapse of Lehman Brothers* (New York: Crown, 2009), 263.

15. Lewis, *The Big Short*, 174; Gregory Zuckerman, *The Greatest Trade Ever: The Behind-the-Scenes Story of How John Paulson Defied Wall Street and Made Financial History* (New York: Broadway, 2009), 256.

16. Bruce Greenwald, "Deconstructing the Balance Sheet," in

Graham and Dodd (2009), 539.

17. Klarman, *Margin of Safety*, 91.

18. William E. Fruhan, Jr., "Corporate Raiders: Head'em Off at Value Gap," *Harvard Business Review* (July–August 1998): 63.

19. Joseph Calandro, Jr., "A Leader's Guide to Strategic Risk Management," *Strategy & Leadership*, 43, no. 1 (2015): 26–35.

20. L. J. Rittenhouse, *Investing Between the Lines: How to Make Smarter Decisions by Decoding CEO Communications* (New York: McGraw–Hill, 2013).

21. Pankaj Ghemawat, chapter 5 in *Commitment: The Dynamic of Strategy* (New York: Free Press, 1991). 作者发现，竞争优势往往只能持续10年。

22. Henderson, The Logic of Business Strategy, 104.

23. Karen Hopper Wruck, "Financial Policy as a Catalyst for Organizational Change—Sealed Air's Leveraged Special Dividend," *Journal of Applied Corporate Finance* (Winter 1995): 21.

24. Andrew Grove, chapter 5 in *Only the Paranoid Survive: How to Exploit the Crisis Points that Challenge Every Company* (New York: Currency: 1999).

25. Martin J. Whitman and Fernando Diz, chapter 22 in

Modern Security Analysis: Understanding Wall Street Fundamentals (Hoboken, NJ: Wiley, 2013).

26. Rittenhouse, *Investing Between the Lines.*

27. 同样，英特尔公司的联合创始人鲍勃·诺伊斯（Bob Noyce）担心市场"会不切实际地增加企业的市场价值"。详见 Leslie Berlin, *The Man Behind the Microchip: Robert Noyce and the Invention of Silicon Valley* (New York: Oxford, 2005), 179.

28. Berkshire Hathaway Owners' Manual.

29. "Starbursting: Breaking Up Companies Is Back in Fashion," *The Economist*, March 24, 2011, http://www.economist.com/node/18440915. "VW Weighs Spinoffs of Noncore Assets," *Automotive News*, May 3, 2018.

30. Tom Copeland, Tim Koller, and Jack Murrin, *Valuation: Measuring and Managing the Value of Companies*, 3rd ed. (New York: Wiley, 2000 [1990]), 160–161.

31. Lynn Thomasson and Whitney Kisling, "CEOs Tap Record $940 Billion Cash for Dividends as M&A at Post-Lehman High," *Bloomberg*, March 28, 2011. 相比之下，"摩根每天都要查看日常交易账本，尤其是现金余额。他最关心的就是保持公司的流动性"。可参考Vincent P. Carosso, *The Morgans: Private International Bankers 1854–1913* (Cambridge,

MA: Harvard University Press, 1987), 437.

32. Klarman, *Margin of Safety*, 109. 相反意见参见Gary Smith, "Apple's Share Buyback Is a Smarter Use of Its Cash than These 4 Other Options," *MarketWatch*, May 7, 2018.

值得注意的是，价值投资者往往与传统智慧或者常规流程反向而行。更多例子可见 Joseph Calandro, Jr., *Value Investing General Principles*, September 21, 2016, available at SSRN: https://ssrn.com/abstract=2575429.

33. "Profile of Seth Klarman & Baupost Group," *Marketfolly*, June 11, 2010, http://www.marketfolly.com/2010/06/profile-of-seth-klarman-baupost-group_11.html, and "Absolute Return Interviews Seth Klarman," *Greenbackd*, June 7, 2010.

34. Christopher Winans, *The King of Cash: The Inside Story of Laurence Tisch* (New York: Wiley, 1995), 6.

35. *Berkshire Hathaway Annual Report,* 2010.

36. Klarman, *Margin of Safety*, xix.

37. Klarman, *Margin of Safety*, xix.

38. James Grant, "I Can't Believe They're Covenants!" *Grant's Interest Rate Observer* 36, no. 9 (May 4, 2018): 4.

39. Klarman, *Margin of Safety*, 39.

40. Klarman, *Margin of Safety*, 109.

41. Klarman, *Margin of Safety*, xxxviii–xxxix.

42. Klarman, *Margin of Safety*, xviii.

43. Klarman, *Margin of Safety*, 125.

44. Klarman, *Margin of Safety*, 146.

第3章

现金和竞争优势

公司在财务不紧张的情况下舒适地开展正常业务的能力，在不需要新融资的情况下扩大经营的能力，以及避免灾难的同时应对突发情况和减少损失的能力，都取决于公司营运资本是否丰厚。

——本杰明·格雷厄姆和斯宾塞·麦勒迪斯[1]

成功的秘诀并不在于高超的技术，而在于精湛的管理。丰厚的现金自然也是非常重要的。

——詹姆斯·格兰特[2]

遵循"股东价值最大化理论"的投资者往往急切地希望把"剩余现金"或者近期公司运营中不需要的现金再次进行配置。根据2014年诺贝尔经济学奖获得者让·梯若尔（Jean Tirole）的分析，以上情况的原因在于"把企业的剩余现金拿走可以防止经理人把钱消费掉。换句话说，这样一来，企业经理人就没有自由现金流用于奢侈的特殊津贴或者无谓的负

净现值投资了"。[3]尽管这一论断颇具批评色彩，但当企业经理人对所持现金没有任何其他计划的时候，他们自然认为把钱分给股东是理所应当的选择。然而对于那些希望手握现金的经理人来说，公司账内有一笔不小的现金余额其实是一项关键的战略优势，在金融危机或者其他困难时期尤其如此。

现金本位战略和资本本位战略应该根据不同的时间段而进行调整。例如，在20世纪30年代，本杰明·格雷厄姆认为，"公司在财务不紧张的情况下舒适地开展正常业务的能力，在不需要新融资的情况下扩大经营的能力，以及避免灾难的同时应对突发情况和减少损失的能力，都取决于公司营运资本是否丰厚"。[4]考虑到大萧条时期的市场环境，专注现金和流动资产的管理显然是合乎情理的。

然而，随着大萧条[①]逐渐从人们的记忆中淡去，投资者的视线开始从流动资产转向长期资产。例如，1956年，企业战略专家乔·贝恩（Joe S. Bain）的经典著作《新竞争面对的壁垒》（*Barriers to New Competition*）问世，他在书中写道："交易要求的资本体量往往较大，因此，能踏入这个门槛的个人和企业相对较少。或者进入者以支付利率或者其他条件得以进入市场，这也导致在净成本方面，相比资深卖家，他们往往处于劣势"。[5]从1979年开始，股东价值理念开始备受推崇，资本门槛的战略性本质似乎就被广泛认同了。[6]然而，这种情况很快有了新变化。

---

① 大萧条：指1929—1933年资本主义世界经济危机。——编者注

"剩余现金"的"问题"

自20世纪80年代初期，资金市场不再紧张，广义上的"资本"不再匮乏，因此"资本需求"也不再被视为竞争优势或者竞争劣势。而这一变化还带来了更严重的后果。例如，"剩余现金"已经不常出现在并购估值的标准当中了。

剩余现金一般代表着企业现金流中当前暂存的余额。例如，企业会不断积累现金，同时考虑如何用这些现金进行投资或者分配。这些剩余现金或者有价证券余额并不直接与企业的运营有关，所以我们将之视为非经营性资本或者融资资本，即资本（Negative Debt）。[7]

将剩余现金从企业的运营当中剥离出来的做法从战略角度讲尤其会带来麻烦，原因如下：

（1）现金短缺一直都是企业破产的常见因素；[8]

（2）企业今天手握的剩余现金可能明天就不足以维持正常运转，尤其面对极其困难的局面时，企业可能会格外捉襟见肘。

一个著名案例就是声名狼藉的对冲基金——美国长期资本管理公司（LTCM）。该公司倒闭前的9个月，该基金的管理人员，其中包括两位诺贝尔经济学奖得主和一位美国联邦储备委员会前副主席，将27亿美元的资本返还给了投资者，该基金"缩减后的资本余额为4 667 953 483美元"。记者尼古拉斯·邓巴（Nicolas Dunbar）写道：

> 在缩减资本本金后，该基金资产负债表中的杠杆率大幅飙升，即总资产对权益资本的比率从18.3陡增至27.7。再加上资产负债表外还有1.25万亿美元的资产，其实际杠杆率更高。但没有人对此有任何质疑……处在巅峰时期的美国长期资本管理公司甚至希望空手套白狼，用零资本创造无限杠杆。[9]

在1998年金融危机期间，该战略加速了美国长期资本管理公司的覆灭，这从某种意义上讲是无可避免的，因为"当危机来临的时候，人们不愿意把钱存在银行里，而是想紧握在手中"。[10]明白这个道理至关重要，历史告诉我们，下一场危机离我们并不遥远。[11]

危机、杠杆和股权

危机并不只存在于银行业或者某些特定行业。单个企业也会由于资金问题而破产。[12]即便大多数企业经理人不同意"用零资本创造无限杠杆"的理念，但仍然有人会冒着被迫出售（为了快速获取现金低价卖出资产[13]）或者破产的风险过度运用与企业资产负债表不符的杠杆手段，在举债过高的情况下，企业可能会陷入资金困难，例如，债台高筑可能会扰乱日常运营，也会导致销量下跌。[14]相比之下，在没有使用杠杆手段的情况下，企业资产下降1%对日常运营的影响微乎其微，因为这只相当于股权缩水了1%。然而，对于债台高筑的企业来说，例如雷曼兄弟破产前杠杆率高达44：1，资产每减少1%就相当于股权缩水将近50%。[15]这会给市场带来巨大困难和困惑，因此很多人把2007—2008年的金融危机称为"百年不遇的事件"。但这种看法其实是错误的，历史证明，每隔十多年都会出现一次金融风暴，有些甚至比2007—2008年的金融危机更为严重。[16]

亘古不变的窘境

　　财务困难和由此产生的对现金的需求增大往往相伴相随，不管在运营危机、金融危机，还是宏观经济危机来临之际，企业总会面临一个亘古不变的滑稽窘境：企业最缺钱的时候，资金来源方的境况往往也不佳。[17]当然，企业融资一般来源于资本市场、金融机构和贸易债权人。当这些融资来源面临资金紧缩时，资产和证券价格往往也会大幅度下跌，这就为那些手握现金的投资者带来了战略机遇。沃伦·巴菲特就是抓住这种机会，积累了可观的财富。在2007—2008年金融危机期间，巴菲特拯救深陷窘境的高盛和通用电气的故事可谓家喻户晓，[18]但在金融危机之前也就是1995年，巴菲特的投资事迹却鲜为人知，他的传记作者这样写道："市场资金困难时期的制胜之道就是手握足够的现金——用巴菲特的话说，'把该兑换的支票都兑换掉'。"[19]

现金和竞争优势

手握足够的现金或者说掌握一些"剩余现金"会带来竞争优势，这种竞争优势可以从相互矛盾又统一的两个方面来解读。首先，在运营、金融和宏观经济危机到来的时候，手握足够的资金可以降低企业被迫出售资产的风险。其次，富有足够现金的企业经理人也可以抓住这一战略优势，购入低价出售的资产。从古至今，抓住这一战略机遇的投资者不在少数，当然并不仅仅只有沃伦·巴菲特一人。

洛斯公司已故联合创始人、董事长兼首席执行官拉里·蒂施就是个不错的例子。在他的传记《现金之王》(*The King of Cash*) 一书中，有对他管理风格的描述：

"拉里·蒂施注重实际，善于思考，深谙资产的重要性，远比那些只在乎每股收益的投资者要精明得多。"这是1971年美邦总裁比尔·格兰特（Bill

> Grant）对蒂施价值投资风格的肯定……至少格兰
> 特对蒂施丰富的现金流是艳羡不已："他的现金仓
> 位在美国商界可谓数一数二的。"[20]

　　这一战略也被吉姆·蒂施（Jim Tisch）接手首席执行官之后继承下来。他曾表示，"我们希望在资产负债表中留有大量的现金。有了现金，我们就能抓住各种机遇……囤积现金是企业DNA中不可或缺的一部分"。[21]

　　历史上，这种例子也不少。花旗银行的前身——纽约城市银行也因为手握充足的现金而比竞争对手更加平稳地度过了1893年和1907年的银行恐慌。[22]在1907年银行恐慌爆发前夕，该银行行长詹姆斯·斯蒂尔曼（James Stillman）对一位同事如是说：

> 　　我最近常常这样想，下一场恐慌以及随之而来的低利率可能为银行带来不少好处。希望秋季来临之际，也就是往往银根紧缩的时间段，我行能够储备充足的现金流，现在就应该为之做好准备……如果我们做好管理，能够在信托公司破产的时候还能为客户贡献一臂之力的话，接下来很多年就不愁没有生意做了。[23]

斯蒂尔曼的愿望终归实现。据花旗银行的官方历史记载，"在恐慌时期，纽约城市银行的业绩备受瞩目。自1891年以来，斯蒂尔曼将一家小型储蓄所一手打造成美国顶级的商业银行"。[24]一个世纪之后，斯蒂尔曼又会如何评价当今花旗银行的管理之道呢？

2007—2008年全球金融危机之后，基于数学模型和相关技术的很多现代金融和风险管理方式受到了强烈的舆论冲击。[25]尽管一些批评意见是中肯的，但舆论应该更多地关注模型与技术背后的投资策略，并对比这些策略与危机期间收益颇丰的公司及对冲基金采用的方法有何不同。詹姆斯·格兰特在"新经济"泡沫破灭后的2002年完成了一项分析，他得出的洞见仍然适用于今天："成功的秘诀并不在于高超的技术，而在于精湛的管理。丰厚的现金自然也是非常重要的。"[26]

金融风险和现金的战略运用

近年来，随着各种"金融创新"模式大行其道，金融风险也随之增加。所谓金融创新指的是金融机构创造出各种金融产品以减少监管或税收所带来的影响。当然，监管和税收规定当中漏洞百出，这些金融创新无可厚非。然而，与任何人为干预因素一样，这些金融产品也会造成意想不到的后果。

一个后果就是在金融创新产品的加持下，杠杆过高的企业会扰动市场，引发宏观经济问题，1998年美国长期资本管理公司和2007—2008年金融危机期间大量金融服务企业的遭遇就是明证。更严重的一个后果就是金融市场的困难可能会危及整个实体经济。记者罗迪·博伊德（Roddy Boyd）就举过这样一个例子：

> 由于十多家保险子公司摇摇欲坠，数百万投保人面临无法得到理赔的风险。此外，由于美国国际集团（AIG）在海运和航空保险业中占据很大份额，两大行业的业务也会随之下滑，影响波及全球……此外，如果AIG停摆，金融市场也将陷入混乱。如果AIG的现金和流动资产最终被用来赔付子公司的保单，公司的资产负债表上将会留下1.2万亿美元的亏空，就连雷曼兄弟即将破产时的处境也不至于如此尴尬。[27]

在困境之中，现金短缺一般来自三个因素的共同作用：公司运营中现金流的大幅减少，资产负债表上现金存量不足，再加上徒劳无功的对冲机制。在危机期间，现金短缺的公司比现金充裕的竞争对手更加脆弱。诸多领域的公司管理层都能从金融史中的沉痛教训里得到启示。

结论

在此，我建议采取以下4个实际步骤，获取现金上的竞争优势：

（1）洞察资产负债表。公司管理层应该仔细分析资产负债表左右侧的交互关系。举例来说，那些"长期放贷和短期借贷"的公司显然会从强劲的现金状况中获益。另一个例子是关于如何利用杠杆：经营杠杆一般能起到提升效率的作用，但财务杠杆则是一把"双刃剑"。如同之前的例子所说，财务杠杆在顺境中能放大盈利能力，但在困境中会加剧亏损。

（2）评估竞争对手的资产负债表。公司管理层应该继续研究他们主要竞争对手的资产负债表，尤其是那些可能正在过度扩张的公司。约翰·马龙是这方面的行家，他总能发现对手的错误决策，并从中获利。[28]

（3）场景分析。通过场景分析，我们可以排查出任何可能会影响到资产负债表两端的情况。例如，战略专家可以设想某种未来场景：应收账款和库存同时减记，信贷受损导致融资能力下降。一旦预知到这种可能性，企业经理人就可以着手分析当前环境，未雨绸缪。[29]

（4）竞争对手场景分析。同样的场景分析也可以应用在主要竞争对手身上。[30]如果能预测到竞争对手未来可能会陷入困境（以贝尔斯登破产前的境况为例），企业就可以增加现金储备，一是为了避免在宏观经济或经营危机时期被迫出售资产，二是为了随时准备好从对手的被迫出售中获利，这里不妨回顾2007—2008年金融危机期间，摩根大通对贝尔斯登的折价并购。

这种战略规划分析不应与"现实灾难场景"（RDS）分析混为一谈。现实灾难场景分析是一种用统计学模型预估的损失，用于量化描述在一定置信度下的最差场景。坦白地说，这种场景分析不太有现实价值，因为他们不能帮助公司挖掘危机中产生的潜在战略机会。

总而言之，现金是一项战略资源，而且就像所有战略资源一样是一把"双刃剑"。[31]明智地利用现金可以获取巨额利润，滥用则招致灾难性后果。当被滥用时，公司的现金储备量可能使自身面临被收购的风险。[32]因此，持有充足的现金只是第一步，更重要的是如何正确使用这些现金，如何与投资方沟通现金的使用战略。洛斯公司与伯克希尔–哈撒韦公司给这方面的进一步研究提供了现成的案例。

注释

本章包含《战略与领导力》杂志中的内容，经授权在此引用。我想感谢罗伯特·兰德尔对我的前几稿提出的问题、评论和建议，我受益匪浅。任何错误或遗漏都与他人无关。

1. Benjamin Graham and Spencer Meredith, *The Interpretation of Financial Statements* (New York: Harper & Row, 1998), 31.

2. James Grant, *Mr. Market Miscalculates: The Bubble Years and Beyond* (Mt. Jackson, VA: Axios, 2008), 91.

3. Jean Tirole, *The Theory of Corporate Finance* (Princeton, NJ: Princeton, 2006), 51.

4. Graham and Meredith, *The Interpretation of Financial Statements*, 31.

5. Joe S. Bain, *Barriers to New Competition: Their Character and Consequences in Manufacturing Industries* (Cambridge, MA: Harvard University Press, 1956), 55.

6. William E. Fruhan, Jr., *Financial Strategy: Studies in the Creation, Transfer, and Destruction of Shareholder*

Value (Homewood, IL: Irwin, 1979).

7. Tom Copeland, Tim Koller and Jack Murrin, *Valuation: Measuring and Managing the Value of Companies*, 3rd ed. (New York: Wiley, 2000), 160–61. 有趣的是，这本书是在"新经济"发展的高峰期出版的。正如麦嘉华在《明日黄金：亚洲大发现时代》{*Tomorrow's Gold: Asia's Age of Discovery*（New York: CSLA, 2010 [2002]）} 写道，"每当商业周期的疯狂时期来临时，手握现金往往被认为是退而求其次的选择。事实上，现金紧缺往往才会导致恐慌"。

8. "处于困难的企业基本都会面临现金紧缺。" 引用自 Martin J. Whitman and Fernando Diz, *Distress Investing: Principles and Technique* (Hoboken, NJ: Wiley, 2009), 121.

9. Nicholas Dunbar, *Inventing Money: The Story of Long-Term Capital Management and the Legends Behind It* (New York: Wiley, 2000), 181, 188, and 190.

10. Martin Mayer, *The Fed: The Inside Story of How the World's Most Powerful Financial Institution Drives the Markets* (New York: Free Press, 2001), 103.

11. Joseph Calandro, Jr., "A Leader's Guide to Strategic Risk Management," *Strategy & Leadership* 43, no.1 (2015): 26–35. 这里提供一些背景知识，从1907年银行危机到今天，基本上每十年都会爆发一次大规模的金融危机。若想获得更多有关1907年银行危机

的信息，详见Robert Bruner and Sean Carr, *The Panic of 1907: Lessons Learned from the Market's Perfect Storm* (Hoboken, NJ: Wiley, 2007).

12. Stuart C. Gilson, *Creating Value Through Corporate Restructuring: Case Studies in Bankruptcies, Buyouts, and Breakups* (New York: Wiley, 2001). 书中写道："对于很多企业经理人来说，企业重组已经是家常便饭了。企业重组对企业、客户、供应商、债权人、员工和竞争对手来说都有影响，但最直接的影响还是针对投资者。"

13. 自1819年大恐慌以来，历次金融危机都会导致一些企业被迫出售。详见Murray Rothbard, *The Panic of 1819: Reactions and Policies* (Auburn, AL: Mises Institute, 2007 [1962]). 作者默里·罗斯巴德（Murray Rothbard）教授生前指出，1819年大恐慌与之后的金融危机一样，人人想要拿到更多的现金，都愿意变卖掉资产，即便价格低廉。1920—1921年经济衰退也是如此，威廉·杜兰特（William Durant）被迫低价将通用汽车卖给摩根。详见Ron Chernow, *The House of Morgan: What You Can Learn from the Most Inexcusable Business Failures of the Last 25 Years*(New York: Atlantic, 1990), 224.

14. "在美国经济生活中，借债融资和经济困难时期的偿债困难一直是反复出现的趋势。"可参考Bruce Wasserstein,

Big Deal: 2000 and Beyond (New York: Warner, 2000), 70.

15. Lawrence G. McDonald and Patrick Robinson, *A Colossal Failure of Common Sense: The Inside Story of the Collapse of Lehman Brothers* (New York: Crown, 2009), 287–288. 与1998年美国长期资本管理公司相比，雷曼兄弟的债务杠杆看上去都有些相形见绌。在《拯救华尔街：长期资本管理公司的崛起与陨落》(*When Genius Failed:The Rise and Fall of Long-Term Capital management*) 一书中，作者罗杰·洛温斯坦 (Roger Lowenstein) 写道："抛去金融衍生品不算，美国长期资本管理公司的杠杆率超过100。"

16. "价值投资的哲学前提是未来是无法预知的。谨慎的投资者深谙其中的道理，只会在安全边际丰厚的情况下低价购入资产。"引用自 James Grant, *Mr. Market Miscalculates: The Bubble Years and Beyond* (Mt. Jackson, VA: Axios, 2008), 353.

17. Lowenstein, *When Genius Failed*, 156.

18. Clayton Rose and David Lane, *Going to the Oracle: Goldman Sachs, September 2008*, HBS case services #9–309–069 (June 21, 2011), and Clayton Rose and Sally Canter Ganzfried, *Teaching Note—Going to the Oracle: Goldman Sachs, September 2008*, HBS case services #5–312–045 (August 24, 2011).

19. Roger Lowenstein, *Buffett: The Making of an American Capitalist*(New York: Broadway, 2001 [1995]), 154.

20. Christopher Winans, *The King of Cash: The Inside Story of Laurence Tisch* (New York: Wiley, 1995), 75. 书中解释了蒂施如何将这一战略应用到哥伦比亚广播公司（CBS），"他不断稳固CBS的财务状况，使公司能够适应任何市场环境。他也努力积累现金，以便在合适的时机低价购入资产"。

21. Christopher Winans, *The King of Cash: The Inside Story of Laurence Tisch* (New York: Wiley, 1995), 75.

22. 若想了解两次恐慌以及之后几次危机的经济分析，详见Elmus Wicker, *Banking Panics of the Gilded Age* (New York: Cambridge University Press, 2006 [2000]).

23. Harold van Cleveland and Thomas Huertas, *Citibank: 1812–1970*(Cambridge, MA: Harvard, 1985), 52.

24. van Cleveland and Huertas, *Citibank*, 52.

25. Felix Salmon, "Recipe for Disaster: The Formula That Killed Wall Street," *Wired*, February 23, 2009, http://archive.wired.com/techbiz/it/magazine/1703/wp_quant?currentPage=all. 若想了解技术在量化金融学中发挥的作用，详见Emanuel Derman, *My Life as a Quant: Reflections on Physics and Finance* (Hoboken, NJ: Wiley, 2004), 165, 169, 206, and 212.

26. Grant, *Mr. Market Miscalculates*, 91.

27. Roddy Boyd, *Fatal Risk: A Cautionary Tale of AIG's Corporate Suicide* (Hoboken, NJ: Wiley, 2011), 281.

28. Mark Robichaux, *Cable Cowboy: John Malone and the Rise of the Modern Cable Business* (Hoboken, NJ: Wiley, 2002), 75.

29. Inspired by John C. Camillus, "Strategy as a Wicked Problem," *Harvard Business Review*, May 2008: 1–9.

30. "我们不仅要预测到经常会发生的事情，也要预测到可能会发生的事情，只有这样我们才不会被突发事件搞得措手不及。只有做好一切可能的准备，财富和幸运才会随之而来。" 可参考 Robin Alexander Campbell, tr., Seneca, *Letters from a Stoic* (New York: Penguin, 2014), 206.

31. 世界上最大的对冲基金公司桥水创始人瑞·达利欧（Ray Dalio）认为，在危机时期能够抓住低成本的投资机会就是一种明智的现金使用方式。可参考 Morgan Housel, "The Investing Lesson of 1937: Hold Some Cash," *Wall Street Journal*, March 27, 2015.

32. "Identifying Takeover Targets," *Money-Zine*, March 16, 2015.

第 4 章

企业管理和"证券分析"

对于股东来说，保证股票处于合理价格与分红、收益和资产的稳定增长同样重要。此外，企业管理人员需要时刻考虑股东利益，尽可能地保证股票价格不会过高或者过低。

——本杰明·格雷厄姆和戴维·多德[1]

尽管很多人错误地认为价值投资只是发现合适机遇的机械工具，但其实价值投资是一项全面的投资理念，它强调投资者要进行深度的基础分析，寻求长期投资效益，抵制从众心理。

——塞斯·卡拉曼[2]

像沃伦·巴菲特、已故的马丁·惠特曼、马里奥·加贝利、利昂·库珀曼、塞斯·卡拉曼、米奇·朱利斯等专业价值投资者的成功故事可谓家喻户晓，但就影响力方面来讲，价值投资在企业管理面前可谓相形见绌。这一点令人费解，因为就连沃伦·巴菲特都说，他之所以是个成功的投资者，是因为他是个商人，但他之所以是个成功的商人，更是因为他是个投资者。[3]

2009年《证券分析》第6版出版，我有机会从企业管理的角度对这本书进行评论。我认为，价值投资主要可以从以下几个方面影响企业管理：

（1）企业并购。[4]

（2）像金融机构这样有大量固定收入的公司，可以利用价值投资来优化他们的资产组合业绩，而不仅仅采用传统的资产配置战略。[5]知之非难，行之不易。本书前面部分曾提到过，机构资产配置者与价值投资者的观念格格不入，而在一些企业内部，这些分歧是无法调和的。但能够平衡双方观念的企业必然会有成为赢家的机会。

（3）制定以价值为基准的分红和股票回购制度。

（4）将价值投资观念运用到投资者关系当中。[6]

（5）以史为鉴，尊重经济周期。[7]

然而，《证券分析》最新版为我们提供的启发不仅限于上述方面，在以下方面同样适用：

（1）企业经理人可以利用价值投资中自下而上的分析方法，深入审视各类企业活动中的一些假设和传统观点。正因如此，在2007—2008年次贷/结构性金融危机期间，专业价值投资者躲过一劫，避免了财务困难的局面。这种自下而上的分析方法可以根据诸如外部信用评级、分析师排名等事实依据来评估企业的每项投资，但切忌盲目地依赖于这些数据。

（2）维持保守的资本结构，并留有充足的现金，这在第3章已有论述。

（3）将资本支出用在重点的战略管理计划当中，激发特许经营的品牌强度和其他竞争优势，所谓特许经营是价值投资理念的一个术语，指的是对具有持久竞争优势的企业的投资。[8]

此外《证券分析》一书还提出了一些其他的实际观点，可以应用到公司治理当中：

（1）有效管理企业的价值驱动因子，同时利用低成本方式缓解其风险驱动因子。

（2）更好地理解企业的期权和薪酬方案等激励机制，[9]评估这些激励机制对企业价值的影响。

《证券分析》第6版在1940年第2版的基础上与时俱进。由于旧版本中的案例明显不再符合当今形势，因此新版本中每一部分开端都包含有一篇由成功的当代价值投资者所写的文章。例如，第6版《证券分析》的主编塞斯·卡拉曼开篇就详细介绍了《证券分析》如何适用于现代投资。[10]詹姆斯·格兰特对本杰明·格雷厄姆和《证券分析》一书的历史背景做了阐述。[11]此外，霍华德·马克斯就固定收益/信贷分析做了阐释，[12]布鲁斯·格林沃尔德为资产负债表分析做了注解，资产负债表是价值投资的根基，事实证明对现代企业管理也十分重要，[13]此外沃伦·巴菲特自传作者罗杰·洛温斯坦等其他赫赫有名的人物对《证券分析》一书也有所贡献。[14]

　　本章内容是以我之前写的一篇论文为基础，在起草完成这篇论文后，我就价值投资和企业管理等问题采访了塞斯·卡拉曼。

　　问：作为一名价值投资者，回顾您成功和漫长的职业生涯，您认为当今的企业经理人从《证券分析》一书中所能得到的最重要的启发是什么？

　　答：简单来说，最重要的启发来自本杰明·格雷厄姆和戴维·多德的"安全边际"理念。[15]若企业管理人员能遵循这一理念，他们就会避免不理想的并购案，也会免遭垃圾债券、结构性融资所带来的恶果。

　　安全边际理念之所以没有广泛用于企业管理，主要出于两个原因。第一个原因与心理有关，管理人员要么对这一理念没有产生共鸣，要么对这一理念不认同。正如沃伦·巴菲特所说："有人看到可以用40美分购买1美元资产的机会，会立即抓住，但有些人就是无动于衷。就像疫苗接种一样，有些人会立即行动，但有些人就是冥顽不化、刀枪不入，说什么都不会改变看法。简单来说，有的人对某些概念就是不敏感。"[16]换句话说，不管风险有多大，总有人更青睐投机行为。

第二个原因与代理人机制有关联。例如，如果有足够的激励措施奖励企业管理人，比如更高的薪酬和福利等，或者是管理更大的企业，很多企业经理人就会不顾风险、不顾及安全边际高低与否大胆行事，即便在高成本的情况下也要进行商业并购，而最终失败也是由于出资过高、行动过于鲁莽。[17]

问：您如何评价本杰明·格雷厄姆和戴维·多德笔下的投资和投机两个概念，企业管理中如何通过平衡这两点来避免诸如2007—2008年的金融危机？

答：除了安全边际原则以外，了解投资和投机之间的区别也是本杰明·格雷厄姆和戴维·多德书中的核心概念。例如，在安全边际原则的指导下，本杰明·格雷厄姆和戴维·多德的价值投资原则从核心上讲是保守的，这样有助于价值投资者更好地管理损失风险。此外，本杰明·格雷厄姆和戴维·多德的价值投资理念是基于自下而上的定量和定性数据的分析，是以事实为依据的。因此，价值投资者会避免风险大、安全边际低的投资项目。本书中，罗杰·洛温斯坦提到的华盛顿互助银行的例子就是明证。[18]

投资者往往在以下情况下投机谋利：（1）市场运行良好；（2）研究报告提示有"无风险"的投资替代方案；（3）收益持续走高的情况下，投资标准显著下降。在这些情况下，即便了解投机的风险远远大于收益，投资者也很难保持头脑清醒、立场坚定；然而，价值投资者正与此恰恰相反。例如，在2008年，沃伦·巴菲特就提供了一份清晰明了的投资价值指南。[19]

问：《证券分析》完成时期正值金融动荡时期，类似于我们正在经历的这场（2009年）金融危机，您是否希望本杰明·格雷厄姆和戴维·多德的观点能够运用到投资管理领域，并更广泛地运用到企业管理当中呢？

答：企业经理人可以选择多种方法来提高业绩，本杰明·格雷厄姆和戴维·多德可以帮助他们在合适的时间选择合适的方法。上市公司经理人通常会面临这样的抉择，要么扩大公司业务，要么回购市场上的股票。当公司股票价格处于低位时，从价值投资的角度，回购股票就是资本的最佳利用方式。相反，当公司股票处于高位时，从价值投资的角度看，这是低成本扩大公司业务的好机会。特利丹公司已故首席执行官亨利·辛格尔顿就十分懂得如何利用这一规律。就连沃伦·巴菲特都对他十分钦佩，称他是"美国商业史上在公司运营和资本配置方面最出众的赢家"。[20]

要想成功地运用以上规律，企业经理人需要严格遵循《证券分析》一书中所提供的有关业务评估方法。其中非常重要的一点是，本杰明·格雷厄姆和戴维·多德的估值是在较长期的视角下保守准备的，这对企业管理来说是非常有益的。例如，采用资本资产定价模型（CAPM）等备受欢迎的学术模型进行分析，企业往往预计2008年的资本成本会飙涨，实际上情况却出乎意料。相反，价值投资者不使用像CAPM这样的模型，是因为这些模型混淆了波动率和损失风险，[21]而波动率可能对周期较为敏感。通过关注特定业务的风险和回报，并进行保守的评估，价值投资者能够在CAPM等模型出现错误时果断采取行动，因为这正是安全边际丰厚时带来的良好投资机会。沃伦·巴菲特和亨利·辛格尔顿深谙这一道理，他们的成就之大也就不无道理了。

总之，自2007年前后《证券分析》最新版开始筹划之日起，我们就希望这一版能够成为超时空的经典之作，并为投资和商业方面提供重要学术文献。您刚刚也说过，本杰明·格雷厄姆和戴维·多德《证券分析》一书的第一版出版于1934年。无巧不成书，2008—2009年的经济形势也与1934年格外相似，这也就说明了价值投资的理念不仅适用于过去，也适用于现在，不仅适用于投资者，也适用于企业经理人。

注释

本章包含《战略与领导力》杂志中的内容，经授权在此引用。我想感谢塞斯·卡拉曼对我的前几稿提出的问题、评论和建议，我受益匪浅。任何错误或遗漏都与他人无关。

1. Benjamin Graham and David Dodd, *Security Analysis* (New York: McGraw-Hill, 1934), 515.

2. Seth A. Klarman, "Preface to the Sixth Edition: The Timeless Wisdom of Graham and Dodd," in Benjamin Graham and David Dodd, *Security Analysis*, 6th ed. (New York: McGraw-Hill, 2009), xiii–xiv.

3. Robert Lenzer, "Warren Buffett's Idea of Heaven: 'I Don't Have to Work with People I Don't Like,'" *Forbes*, October 18, 1993, 43.

4. Joseph Calandro, Jr., chapters 2–4 in *Applied Value Investing* (New York: McGraw-Hill, 2009).

5. Howard Marks, "Unshackling Bonds," in Graham and Dodd (2009), 123–140.

6. L. J. Rittenhouse, *Investing Between the Lines: How to Make Smarter Decisions by Decoding CEO Communications*(New York: McGraw-Hill, 2013).

7. James Grant, "Benjamin Graham and *Security Analysis*: The Historical Backdrop," in Graham and Dodd (2009), 1–19.

8. Thomas Russo, "Globetrotting with Graham and Dodd," in Graham and Dodd (2009), 720–721.

9. David Abrams, "The Great Illusion of the Stock Market and the Future of Value Investing," in Graham and Dodd (2009), 617–632.

10. Klarman, "Preface to the Sixth Edition: The Timeless Wisdom of Graham and Dodd," xiii–xliv.

11. Grant, "Benjamin Graham and *Security Analysis*: The Historical Backdrop," 1–19.

12. Howard Marks, "Unshackling Bonds," in Graham and Dodd (2009), 123–140.

13. Bruce Greenwald, "Deconstructing the Balance Sheet," in Graham and Dodd (2009), 535–547.

14. Roger Lowenstein, "The Essential Lessons," in Graham and Dodd (2009), 39–60; Roger Lowenstein, *Buffett—The Making of an American Capitalist* (New York: Broadway, 1995).

15. "投资者最重要的就是找到安全边际了。"可参考 James Grant, *Mr. Market Miscalculates: The Bubble Years and Beyond* (Mt. Jackson, VA: Axios, 2008), 302.

16. Warren Buffett, "The Superinvestors or Graham-and-Doddsville," in Benjamin Graham, *The Intelligent Investor*, 4th ed. (New York: Harper & Row, 1973 [1949]), 297–298.

17. Paul Carroll and Chunka Mui, *Billion Dollar Lessons: What You Can Learn from the Most Inexcusable Business Failures of the Last 25 Years* (New York: Portfolio, 2008), 62–63.

18. Lowenstein, "The Essential Lessons," 45–47.

19. Pat Dorsey, *What Would Warren Do?* November 11, 2008, *CNN*.

20. John Train, *The Money Masters: Nine Great Investors, Their Winning Strategies and How You Can Apply Them* (New York: HarperBusiness, 1994 [1980]), 24.

21. Klarman, "Preface to the Sixth Edition: The Timeless Wisdom of Graham and Dodd," xxxi–xxxii.

第 5 章

价值创造企业管理：亨利·辛格尔顿

巴菲特说，如果有人把最优秀的100名商学院毕业生的成就汇集成册，也不及亨利·辛格尔顿一人的成就大……巴菲特还说，商学院学生不学习亨利·辛格尔顿的案例简直是个天大的错误。

——约翰·特雷恩（John Train）[1]

20世纪90年代，美国资本主义乱了套，我们都知道发生了什么。因为那个时候，像亨利·辛格尔顿那样有智慧的人屈指可数。事实上，世上只有一个亨利·辛格尔顿，他于1999年离世……他总能在低位买入，高位卖出。他是一位善于应变的思想者、实干家，值得我们去学习和研究。在"伟大的资本家"已经流于修辞术语的今天，他的思想理念尤其宝贵。

——詹姆斯·格兰特[2]

采访中，塞斯·卡拉曼提到了已故价值投资者亨利·辛格尔顿。当我询问更多信息时，他向我推荐了欧米茄顾问公司的创始人、董事长兼首席执行官莱昂·库珀曼。我联系库珀曼前，收集了尽可能多地有关亨利·辛格尔顿的信息，搜集信息的过程并不容易，因为亨利·辛格尔顿以低调著称，从来不写回忆录。然而，他在特利丹公司的副手乔治·罗伯茨（George Roberts）在2007年出版了《遥远的力量：特利丹公司和其创始人回忆录》（*Distant Force*）一书。尽管这本书为我提供了有用的背景知识，而库珀曼为我提供了更多细节信息，因为他不仅与亨利·辛格尔顿有私交，并且投资特利丹长达25年之久。通过收集这些信息，我希望能够向读者展示亨利·辛格尔顿在企业管理方面如何运用价值投资理念的经典案例。

背景与方法

亨利·辛格尔顿是工科出身，获得了麻省理工学院的博士学位。在这一学术背景下，他选择专注于新兴创新技术领域，[3]换句话说，他将科技作为特利丹的核心竞争力。

亨利·辛格尔顿的企业有一个强大的资产负债表，[4]在那个时期，资产负债表的分析和管理已经不再被企业所重视，长此以往，这也为企业带来了巨额的损失。在《大空头》一书中，记者迈克尔·刘易斯就描述了一些在2007—2008年全球金融危机之前做空金融机构的投资者。大体上讲，这些投资者押注某些金融服务公司的股票会下跌，当这些公司的股票真正下跌时，他们便从中获得丰厚的利润。在那个时候，他们何以预见未来的危机，反其道而行呢？其中一位投资者说，他会"与华尔街的首席执行官见面，问一些他们自己公司的资产负债表的基本信息。'他们什么都不知道'，他说，'他们对自己公司的资产负债表一无所知'"。[5]

当1982年莱昂·库珀曼还是高盛公司的分析师时，他对特利丹公司的看法与那些华尔街公司恰恰相反：

> 当时的美国正经历着第二次世界大战以来流动性最差、债务量最大的财务状况，而特利丹公司却拥有最丰厚的现金流……公司如今拥有的现金和现金等价物将近10亿美元，没有银行贷款，在1984—1993年的10年内，每年仅需偿还不到500万美元的10年期长期债务。此外，按照近期的盈利能力计算，特利丹公司（除去非现金股权收益）每年可以产生大约4亿美元的现金流。[6]

除了干净的资产负债表，亨利·辛格尔顿还利用创新金融战略创造价值，这也是他如今最为著称的一个领域。例如，他将金融服务做到多样化，并以战略的眼光地做股票回购和企业拆分。

企业管理既需要基于分析的正确决策，也需要成熟的专业判断。有两种方式可以提高判断力：经验积累和历史研究。作为一名实业家，亨利·辛格尔顿"善于学习和观察制造业的历史发展。从亨利·福特时代到通用汽车时代，他深入分析企业的发展兴衰，也分析企业如何通过并购走向成功。他学习吉米·林（Jimmy Ling）等其他著名企业家的行为习惯，[7]也从诸如利顿、天合汽车、LTVs、城市投资、海湾西部和通用电气等新兴大企业中学习企业经营之道"。[8]

亨利·辛格尔顿同样以史为鉴，在读过艾尔弗雷德·斯隆（Alfred Sloan）的经典回忆录《我在通用汽车的岁月》（*My Years at General Motors*）一书之后，他了解到，"企业的财力要想壮大起来，旗下需要有几个以财务为导向的金融机构"。[9]因此，特利丹通过增设保险业务壮大了技术核心竞争力，而且这块业务在亨利·辛格尔顿的管理下发展得有声有色。

他在战略执行过程中也比较灵活多变，并不依附于正式的商业计划。"曾经，亨利·辛格尔顿也因为没有一个正式的商业计划而受到批评，面对批评，亨利说他知道有很多公司严格遵守商业计划运营公司，'但公司业务会受到多种外部因素的影响，很多还是不可预估的。所以我坚持随机应变'"。[10]

在企业经营方面，亨利·辛格尔顿乐于亲力亲为。一位特利丹的员工回忆说，有一次在准备一个新款导航系统展示时，"突然发现亨利·辛格尔顿就跪在自己旁边帮忙设置系统。'我特别惊讶，想都没想到这样一位有着电气工程博士头衔、对电子产品的了解显然比我多得多的优秀领导，竟然会在一旁协助我……他的确给我上了一堂生动的有关领导力的课'"。[11]

亨利·辛格尔顿手下的管理人员也具有同样的品质。例如，乔治·罗伯茨加入特利丹之后，亨利·辛格尔顿把他这样介绍给其中一位经理：

> 他的过人之处在于，当我问及他所管理的任何一家企业的情况时，他总能够用最准确的数字和信息回答我。我问他上个月的销售额，他能脱口而出，不用打电话去问任何人。
>
> 所以，我会选择这样的人来管理公司，我知道他会成功，他总能快速了解公司的情况，并妥善进行管理和监督，他对他所管理的所有公司都了如指掌。我们就是需要这样的团队领导。[12]

亨利·辛格尔顿同样重视管理技巧，他建立了人才管理储备机制，确保公司能够任人唯贤。此外，他还将管理技能纳入公司并购标准之中，这也是开行业先河的理念，随后越来越多的企业开始效仿。[13]

财务战略

上文也提到过，亨利·辛格尔顿在财务战略方面最为著称，而他的成功之道最为重要的一点就是坚持"长期主义"。例如，在他职业生涯接近尾声的1987年，他接受了《金融世界》(*Financial World*) 杂志的专访，问题主要针对管理层近期将如何提高特利丹的股价。他的回答显然独树一帜，说道："我们不关注暂时的收益，更在乎长久的业绩，而获得长久的收益需要时间的沉淀。"记者继续追问，但他的回答更加坚定，"你考虑的是短期收益，我更在乎长期收益。所以我不会为了短期的股票上涨而采取任何行动"[14]这一回答在当今依然合乎时宜，对于多数企业经理人来说，他们更加在乎短期效应，以至于一些主流的经济学家都希望能够改变这一风气。[15]

从亨利·辛格尔顿的管理风格来看，这种看重长期效益的理念也有利于提高配置效率。例如，沃伦·巴菲特认为，亨利·辛格尔顿是"美国商业史上在公司运营和资本配置方面最出众的赢家"。[16]特利丹公司就是通过一系列并购不断发展壮大起来的，但亨利·辛格尔顿的并购并不是毫无标准，他只有在公司成本合适的时候才会进行并购。亨利·辛格尔顿的并购标准在如今仍然对很多公司有指导意义：

（1）（目标）企业是否盈利？

（2）资产负债表是否处于健康状态？

（3）损益表的信息是否准确？

（4）库存周转是否正常？

（5）待办事务是否实际，并记录清晰？

（6）管理是否优先于运营？

（7）为了实现利润最大化，是否有长远的计划？

（8）业务是否有发展潜力？

（9）利润是否有成长空间？

（10）企业是否可以拿出现金用于其他用途？

（11）折旧的计算是否合理？折旧额占盈利的比例有多大？

（12）实体工厂的情况如何？

（13）最重要的一点：该公司是否适合特利丹，是否与特利丹的目标相吻合？[17]

尽管企业并购为特利丹带来了巨大成功，但在私募市场定价上浮、并购成本增高的情况下，亨利·辛格尔顿停止了并购。尽管这一决定非常"理性"，但在那个时候还是与很多人意见相左，其实我在落笔之时（2018年年中），[18]考虑到公司价格很高，并非并购的恰当时机。然而，很多企业经理人，包括美国全球制造公司ITT公司[①]的缔造者哈罗德·吉宁（Harold Geneen）依旧在追高买入。1978年亨利·辛格尔顿对《福布斯》杂志解释了他理性背后的原因："我不会以收益15倍以上的价格去并购，因为这样回报率就只有6%—7%。[19]我们可以购入短期国债，而不一定非要去并购。除了并购，我们还要忙很多其他事情。""其他的事

---

① ITT公司（ITT Corporation, ITT）：是一家美国全球制造公司。总部位于纽约州白滩市。ITT公司于1920年作为一家国际电话公司成立。20世纪60年代和70年代，在首席执行官Harold Geneen领导下，公司从多个行业的数以百计的收购中获得快速增长。

情"包括在股价合理的时候购买优质公司的股票，购买股票的钱是用特利丹旗下保险公司的储备盈余（reserves）。[20]这一战略被亨利·辛格尔顿运用得游刃有余，当时特利丹是财富500强中9家公司的最大股东，对其中6家公司有实际控制权。[21]

亨利·辛格尔顿也是最早进行战略性股票回购的企业经理人之一，也就是说，当股价低的时候，他会买入特利丹的股票。这与大多数企业的战略恰恰相反："仅2006—2007年，美国非金融公司举债额度高达1.3万亿美元，这些钱大多用来快速回购股票，而当时股价接近史上最高水平。"[22]要想了解这两种战略的不同，我推荐大家了解一下1972年9月14日到1984年5月9日特利丹的股票回购史，这段时间内，公司共计回购了85.4%的流通股。[23]

特利丹公司的股票回购可以分为两个阶段，每个阶段的财务战略也有所不同。在第一阶段，也就是1972年9月14日到1976年2月6日期间，公司共回购了67.4%的流通股，[24]这段时间时值熊市，股票购入价格都非常低。1979年，他回顾了这一成功策略背后的故事：

> 1972年10月，我们竞价想要购买100万股，但没想到以100万股的价钱买到了890万股，这相当于以每股20美元的价格购入，当时以为这是一次侥

> 幸，这种好事儿不会再轮到我们了。但没想到，股票价格不涨反跌，因此我们继续竞价购入，一开始以14美元的价格竞价，之后以债权转股票的方式购买。每次竞标之后，股票都会下跌，我们继续竞价购买，又会获得更多低价股票。之后，我们以18美元和40美元的价格继续购入了两笔股票。[25]

第二阶段，也就是1980年5月2日到1984年5月9日，特利丹购入了剩余18%的流通股，加上第一阶段购入的股票，总共为85.4%的流通股，[26]这些股票都是在特利丹股价被低估的时候购入的。1980年，特利丹就是利用债转股的方式回购股票，正如图5-1所示，当时利率处于当年最高点，因此可以拿高价债券换取被低估的股票。[27]亨利·辛格尔顿是怎么发现这一机会的？尽管这段历史缺乏细节记载，但也可从特利丹前高管的口中得知一二："亨利·辛格尔顿博士大多数时间都在思考和读书，对闲谈没有兴趣。他喜欢研究学术、技术和金融方面的问题，例如他那天就在读《利率史》（*A History of Interest Rates*）一书。"[28]

表5-1显示了1984年特利丹的股票回购情况。尽管股票回购后股权价值减少了17.4亿美元，但特利丹公司的市值在短短90天内增加了3.183亿美元。此外，回购的资金来源并不是借贷，而是现金。

注：根据利昂·库珀曼2007年11月28发表的论文《特利丹和亨利·辛格尔顿财务管理案例分析》，画圈处指代特利丹1980年5月股票回购竞价时的国债收益率。
数据来源：U. S. Federal Reserve System.

图5-1　1972—1984年的10年期债券收益率

在特利丹竞价回购过程中，亨利·辛格尔顿从没有卖掉自己的股票，控股率稳步上升，其他特利丹的长期股东也是如此（详见附录A当中有关"评估股票回购"的内容，该部分内容基于价值投资者莱昂·库珀曼的相关研究）。

除了股票回购外，亨利·辛格尔顿在剥离公司业务单元方面十分有策略——当剥离业务单元所创造的价值比维持现状的价值更大的时候，亨利·辛格尔顿会选择前者。例如，1986年，亨利·辛格尔顿将特利丹的Argonaut保险公司从中剥离出去，以2.34亿美元的价格，对比1969年对该公司的收

表5-1　特利丹1984年5月的股票回购情况

股票回购情况	每股价格（美元）(a)	流通股票（只）(b)	市场价值或回购成本（美元）(c)=(a)×(b)	新流通股票（只）(d)=(b1)-(b2)	创造价值（美元）(e)=(c4)-(c1)
（1）1984年5月9日结余	156	20 300 000	3 161 725 000		
（2）回购	200	8 700 000	1 740 000 000		
（3）新流通股票				11 600 000	
（4）90天后	300	11 600 000	3 480 000 000		318 275 000

资料来源：Leon G. Cooperman, *A Case Study in Financial Brilliance: Teledyne, Inc., Dr. Henry E. Singleton*, November 28, 2007, 10. 表内数据由作者提供，数字已取整。

购价格，亨利·辛格尔顿轻松赚取了169%的收益。[29]1990年，亨利·辛格尔顿将剩余的保险业务剥离出特利丹后，《巴伦》杂志对此做出了以下评论：

> 当然，华尔街对公司剥离案例十分熟悉，但亨利·辛格尔顿的此次行动与其他剥离案例有所不同，其目的是继续为股东创造价值。尽管很多公司都在夸夸其谈，如何实现股东价值最大化，但亨利·辛格尔顿的公司长期奉行这一承诺，将股东价值最大化落到了实处。[30]

在职业生涯后期，亨利·辛格尔顿将特利丹拆分为3个公司，目的是"便于让股东将股份配置到他们认为利益最大的地方"。[31]当然这次公司重组也有利益驱使。例如，亨利·辛格尔顿本人并不认同将公司技术人员的薪资部分基于保险公司的业绩表现。[32]因此，将特利丹细分为3个集团，有利于细化管理结构和薪资体系。

结论

通过对特利丹的研究，库珀曼将企业战略分为五个核心阶段：

第一阶段：1961—1969年，通过收购实现扩张；

第二阶段：1970—1981年，业务集中管理；

第三阶段：1972—1984年，回购被低估的股权；

第四阶段：1976—1982年，股票优于债券，因为对于投资者来说，股票有税收优势；

第五阶段：1986—1992年，简化公司结构，专注管理。[33]

在这几个阶段，亨利·辛格尔顿很少与媒体或华尔街打交道。[34]因此，他是一位典型的"低调领袖"。哈佛商学院教授小约瑟夫·巴达拉克（Joseph Badaracco）曾经写道，"低调的领导者就像在进行一场漫长而艰难的长跑，一路上默默无闻，这不是什么激动人心的冲刺赛，也没有鲜花和掌声相伴"。[35]特利丹的客户、股东和员工有幸能够拥有这样一位领导，带领他们取得历史性的成绩，详见表5-2。

表5-2　特利丹公司的历史业绩

年度	销售额（百万美元）	净收入（百万美元）	每股净收益（美元）	资产（百万美元）	股东权益（百万美元）
1986	3 241.4	238.3	20.35	2 744.2	1 636.6
1985	3 256.2	546.4	46.66	2 775.4	1 577.4
1984	3 494.3	574.3	37.69	2 790.7	1 159.3
1983	2 979.0	304.6	14.87	3 852.2	2 641.2
1982	2 863.8	269.6	13.05	3 290.7	2 111.1
1981	3 237.6	421.9	20.43	2 904.5	1 723.2

续表

年度	销售额（百万美元）	净收入（百万美元）	每股净收益（美元）	资产（百万美元）	股东权益（百万美元）
1980	2 926.4	352.4	15.62	2 575.9	1 410.2
1979	2 705.6	379.6	15.02	2 050.8	1 288.6
1978	2 441.6	254.4	9.63	1 588.2	890.3
1977	2 209.7	201.3	7.53	1 443.1	702.2
1976	1 937.6	137.6	4.78	1 228.5	516.1
1975	1 715.0	101.7	2.57	1 136.5	489.3
1974	1 700.0	31.5	0.55	1 108.9	477.8
1973	1 455.5	66.0	1.01	1 227.4	532.8
1972	1 216.0	59.3	0.67	1 127.8	484.0
1971	1 101.9	57.4	0.62	1 964.8	606.1
1970	1 216.4	61.9	0.69	952.6	576.3
1969	1 294.8	58.1	0.68	938.1	502.0
1968	806.7	40.3	0.56	602.4	316.5
1967	451.1	21.3	0.38	336.7	152.6
1966	256.8	12.0	0.29	170.4	90.2
1965	86.5	3.4	0.16	66.5	34.8
1964	38.2	1.4	0.10	35.0	13.7
1963	31.9	0.7	0.06	23.9	8.6
1962	10.4	0.2	0.02	10.8	3.5
1961	4.5	0.1	0.01	3.7	2.5

资料来源：Leon G. Cooperman, *A Case Study in Financial Brilliance: Teledyne, Inc., Dr. Henry E. Singleton*, November 28, 2007, 4.

已故的马丁·惠特曼将特利丹纳入一项比较研究中，与另外一位企业经理人进行了对比分析，详见表5-3。

表5-3　特利丹的相对业绩

（单位：美元）

发行方	每股收益			每股净资产价值		
	1984年	1975年	变动率	1984年	1975年	变动率
美国通用运输公司	2.37	3.47	-32%	30.35[a]	32.22[a]	-6%
皇冠柯克-西尔公司	4.98	2.43	105%	40.61[b]	14.32[b]	184%
坦迪	2.75	0.25	1 000%	10.64[a]	1.33[a]	700%
特利丹	20.61	2.57	702%	123.36[b]	9.57[b]	1 189%

注：

a. 除去子公司普通股股价中的极端值；

b. 数据截至1983年12月31日。

资料来源：Martin J. Whitman, *Value Investing: A Balanced Approach* (New York: Wiley, 1999), 257. 变化百分比和黑体字由本书作者添加，数字已取整。

尽管有出色的业绩，特利丹公司的案例并没有被纳入吉姆·柯林斯（Jim Collins）轰动一时的畅销书《从优秀到卓越》（*Good to Great*），因为亨利·辛格尔顿"在退休的时候，没有选择好继承人，因此那段时间特利丹的股东收益大幅下降"。[36]然而，柯林斯却选择在书中描写了在2007—2008年全球金融危机中破产的房利美。[37]在有关战略、领导力和金融方面的研究中，忽略对亨利·辛格尔顿的分析，显然是不合逻辑的。他不仅成就等身，同时备受业界人士钦佩。[38]

《福布斯》杂志1979年的一篇文章写道："当历史学家记载这段时期的商业历史时，亨利·辛格尔顿博士一定是鹤立鸡群，需要大书特书，不论知名度，他的成就与艾尔弗雷德·斯隆、杰拉德·斯沃普（Gerard Swope）、戴维·萨尔诺夫（David Sarnoff）和罗亚尔·利特尔（Royal Little）等杰出创业家比肩。"[39]

2008年，詹姆斯·格兰特写道："亨利·辛格尔顿能在当今很多企业经理人纰漏百出的领域做到如鱼得水：当特利丹股票价格很高的时候，他将股票当作货币来进行企业并购。当股票价格下跌时，他又会回购股票。1972—1984年，他竞价购入本公司的股票，将流通中的股票减少了90%。亨利·辛格尔顿没有利用任何期权奖励，而是用自己的钱购买了公司股票，也没有出售过任何自己的股权。他确实是一位模范资本家！"[40]

在采访中，莱昂·库珀曼跟我说，亨利·辛格尔顿是他所认识的最为成功的企业经理人。[41]

此外，沃伦·巴菲特在写给库珀曼的信中写道："亨利·辛格尔顿值得所有投资者、现任和未来的首席执行官以及所有商学院学生学习。"[42]

注释

　　本章包含《战略与领导力》杂志中的内容，经授权在此引用。我想感谢利昂·库珀曼对我的前几稿提出的问题、评论和建议，我受益匪浅。任何错误或遗漏都与他人无关。

1. John Train, *The Money Masters: Nine Great Investors, Their Winning Strategies and How You Can Apply Them* (New York: HarperBusiness, 1994), 25.

2. James Grant, *Mr. Market Miscalculates: The Bubble Years and Beyond*(Mt. Jackson, VA: Axios, 2008), 4.

3. 克莱顿·克里斯坦森（Clayton Christensen）在《创新者的窘境》（*The Innovator's Dilemma*）（New York: HarperBusiness, 2000[1997]）一书中，阐述了技术的创造性和颠覆性。

4. George Roberts and Robert Vickers, *Distant Force: A Memoir of the Teledyne Corporation and the Man Who Created It* (self–published by Roberts, 2007), 100, 267.

5. Michael Lewis, *The Big Short: Inside The Doomsday Machine* (New York: Norton, 2010), 174.

6. Leon G. Cooperman, "An Open Letter to the Editor of Business Week," *Goldman Sachs*, May 25, 1982, 7.

7. 若想获得更多有关吉米·林（Jimmy Ling）的背景信息，详见Robert Sobel, chapter 3 in *Dangerous Dreamers: The Financial Innovators from Charles Merrill to Michael Milken* (New York: Wiley, 1993).

8. Roberts and Vickers, *Distant Force*, 8. For information on the mentioned firms see, for example, John Brooks, *The Go-Go Years: The Drama and Crashing Finale of Wall Street's Bullish 60s* (New York: Allworth, 1998 [1973]).

9. Roberts and Vickers, *Distant Force*, 100.

10. Roberts and Vickers, *Distant Force*, v. See also James Grant, "From Bear to Bull," *Wall Street Journal*, September 19, 2009, http://online.wsj.com/article/SB 10001424052970204518504574420811475582956.html. 此次引用普鲁士军事战略家赫尔姆特·冯·毛奇（老毛奇，Helmuth von Moltke）的看法：战略是一套应对不同环境、不同背景的解决方案；战略不止关乎知识，而是懂得如何将知识利用到现实生活中的能力，是在不断变化的环境中创造出应变方案的能力，是一种在最困难的情况下从容行动的能力［来源：Caleb Carr, "The Man of Silence," *The Quarterly Journal of Military History* 1, no. 3 (Spring 1989): 114. ］。

11. Roberts and Vickers, *Distant Force*, 173–174.

12. Roberts and Vickers, *Distant Force*, 63. 这也是威廉姆·帕格尼斯（Lt. William Pagonis）将军早期得到的经验教训，详见*Moving Mountains: Lessons in Leadership and Logistics from the Gulf War*（Boston, MA: Harvard Business School Press, 1992）：若想真正理解一个组织架构，你必须理解它的方方面面："如果你认为你在办公室就能管理好公司、稳操胜券，那真是太天真了！"我知道很多人都跟我讲过这个道理，每次想起它都让我变得更加谨慎。"一定要亲力亲为，在实践中找方法"。

13. Roberts and Vickers, *Distant Force*, 30, 65.

14. Roberts and Vickers, *Distant Force*, 200.

15. Joseph Fuller and Michael Jensen, "Just Say No to Wall Street: Putting a Stop to the Earnings Game," *Journal of Applied Corporate Finance* 22, no. 1 (Winter 2010); *Harvard Business School NOM Unit Working Paper No. 10–90*.

16. Train, *The Money Masters*, 24.

17. Roberts and Vickers, *Distant Force*, 65–66, and James Nisbet, The Entrepreneur (Charlotte, NC: Capital Technology, 1976), 148–149. 感谢汤姆·奥布莱恩（Tom O'Brien）教授推荐我阅读这些资料。

18. "Global Mergers and Acquisitions Reached a Record

High in the First Quarter," *CNBC*, March 30, 2018.

19. 这里指的是净收益率，也就是市盈率的倒数（1/15= 6.67%）。

20. Roberts and Vickers, *Distant Force*, 103, 104.

21. A. F. Ehrbar, "Henry Singleton's Mystifying $400-Million Flyer," *Fortune*, January 16, 1978: 66. 感谢莱昂·库珀曼提供该杂志影印版。

22. Jason Zweig, "Defining the New Profession," in *Benjamin Graham: Building a Profession* (New York: McGraw-Hill, 2010), 43. 也可参见"铁路工作"一文中作者 S. L. 铭茨对股票回购的分析[S. L. Mintz, "Working on the Railroad," *Institutional Investor* (May 2016), 27].

23. Roberts and Vickers, *Distant Force*, 121, 288. 其中的数据由作者提供，数字已取整。

24. Roberts and Vickers, *Distant Force*, 121, 288.

25. Robert Flaherty, "The Singular Henry Singleton," F*orbes*, July 9, 1979, 46.

26. Roberts and Vickers, *Distant Force*, 121, 288. 其中的数据由作者提供，数字已取整。

27. 根据2010年6月5日我和莱昂·库珀曼的对话。

28. 《企业家》（*The Entrepreneur*）（Charlotte, NC: Capital Technology, 1976）一书将这本书称为"世界利率史"，但我没有找到这个标题的相关书籍。亨

利·辛格尔顿当时读的书可能是《利率的历史》
（*A History of Interest Rates*），此书作者是西德尼·荷
马（Sidney Homer）。

29. Roberts and Vickers, *Distant Force*, 229.

30. Eric Savitz, "Son of Teledyne: The Conglomerate Spins Off
Its Insurance Operations," *Barron's*, April 23, 1990, 16.

31. Roberts and Vickers, *Distant Force*, 278.

32. 根据我与莱昂·库珀曼于2010年6月5日的一次对话。

33. Leon G. Cooperman, *A Case Study in Financial
Brilliance: Teledyne, Inc., Dr. Henry E. Singleton*,
November 28, 2007, 5.

34. Simon Ramo, "Eulogy Delivered on September 8,
1999: Remembering Henry Singleton," in Roberts and
Vickers, *Distant Force*, 281. 该传记收录了西蒙·拉
莫（Simon Ramo）对亨利·辛格尔顿的悼词。莱
昂·库珀曼表示，当企业经理人要利用股票推动企
业增长时，与媒体增加联系是合乎逻辑的。但是，
亨利·辛格尔顿认为企业经理人应该将精力用在管
理上："不要抱怨，也不要解释。"这是2010年6月5
日库珀曼与我交谈时总结的一点。

35. Joseph Badaracco, *Leading Quietly: An Unorthodox
Guide to Doing the Right Things* (Boston, MA: Harvard
Business School Press, 2002), 34.

36. Roberts and Vickers, *Distant Force*, 125.

37. James Hagerty, *The Fateful History of Fannie Mae: New Deal Birth to Mortgage Crisis Fall* (Charleston, SC: History, 2012).

38. 有两本书简要地介绍了亨利·辛格尔顿，分别是《他们的时代：20世纪最伟大的商业领袖》(*In Their Time: The Greatest Business Leaders of the Twentieth Century*)（Boston, MA: Harvard Business School Press, 2005）和《商界局外人》(*The Outsiders: Eight Unconventional CEOs and Their radically Rational Blueprint for Success*)（Boston, MA: Harvard Business School Press, 2012）。

39. Flaherty, "The Singular Henry Singleton," 45. For information on Royal Little, see Robert Sobel, chapter 2 in *The Rise and Fall of the Conglomerate Kings* (New York: Stein and Day, 1984).

40. Grant, *Mr. Market Miscalculates*, xxi.

41. 根据与莱昂·库珀曼2010年6月2日的对话整理。

42. 感谢莱昂·库珀曼提供影印版。

第 6 章

管理 "理性"

证券分析师面临的三大障碍：第一，数据不足、准确度不够；第二，未来的不确定性；第三，市场的非理性行为。

——本杰明·格雷厄姆和戴维·多德[1]

由于大多数倾向于投机或赌博的人，受欲望、恐惧和贪婪左右，因此，大多数时间里股票走势都是非理性的，容易有剧烈的股价波动。

——本杰明·格雷厄姆[2]

"理性"一词在本书中频频出现，也是投资界时常讨论的话题。沃伦·巴菲特也经常在文章中提及这一话题。例如，我在进行上一章的调查研究时，莱昂·库珀曼向我介绍了巴菲特写给他的一封信，主要讲的是亨利·辛格尔顿的管理行为。巴菲特在信中写道，他认为亨利·辛格尔顿是 "一位100%理性的投资者"，[3]这其实是一句非常重要的评价，

因此我们需要了解理性是如何定义的。

本章中，我会介绍有关"理性"的3个通用定义，并解释这些定义如何运用到企业管理和投资管理当中。此外，我也会讲历史上两位企业经理人的例子，他们曾公开承诺要创造股东价值。很多经理人都会做出这种承诺，但并不是人人都会努力兑现，即便是那些兑现了承诺的人，我们也很难判定他在创造价值过程中的效率。因此，发现这些承诺什么时候更容易兑现，那么就可以为投资和战略分析提供帮助。

出于对这一章的整体把握，我们不会过细地探讨理性的概念或者企业管理的相关理念，而是大概介绍一下理性这一理念，再讲一讲理性管理的价值。

总体概念

经济学家一般认为，"理性"预期就是预计会带来正确决定的预期，但不排除会出现偶然的错误。该定义的问题在于，很多情况下，预期也会带来非偶然的错误决定，包括错误的管理和投资决定。100多年前，一本早期的约翰·皮尔庞特·摩根（J. Pierpont Morgan）的传记有以下记录：

> 一个多世纪以来，竞争理论包括这样一个假设，当一项业务的收益远低于服务成本时，竞争就

会停滞。我们从教科书中可以得知，没有哪家铁路可以在收益低于成本的情况下进行货运和客运服务，这绝对是铁路公司无法想象的（该传记作者注解：因为这种做法会造成损失，是"不理性"的行为）。大规模的铁路公司认为他们可以更经济地提供服务，任何新的竞争对手都是不可能做到的，所以他们不惧怕竞争。但这一理论在铁路界却并不适用。[4]

因此，摩根大通开始向铁路公司客户提供避免价值损失的服务，兑现为股东创造价值的承诺，因而赚取了大量佣金。[5]同时，经济学教科书也开始推崇"有限理性"的概念，这一概念可以总结为以下内容：

企业经理人如何应对铺天盖地的信息？他们只选择最重要的信息……换句话说，人们显然会过滤掉无关的信息，只会处理一小部分信息，对大部分信息都置若罔闻。赫伯特·西蒙（Herbert Simon）将其称为"有限理性"模型，认为决策是在各种限制中完成的，决策者所获得的优先信息会影响他或她的理性。人无完人，人不可能总能做出最优的选择。[6]

我与沃伦·巴菲特没有私交，不知道以上内容是否也适用于他眼中亨利·辛格尔顿的企业管理行为，因为我一直没找到巴菲特或本杰明·格雷厄姆对"理性"这一概念的定义。因此，我找到了一名对巴菲特十分熟悉的学者和投资者——罗伯特·哈格斯特朗。在对话中，他对"理性"的评论沿用了他的著作《投资：最后的自由艺术》(*Investing: The Last Liberal Art*)中的观点，"最常见的思维错误与智慧关系不大，更多地与缺乏理性相关"。[7]听到此处，我问他是如何具体定义"理性"的。他的回答引用了基思·斯坦诺维奇（Keith Stanovich）的定义，"在现有的物质和精神资源范围内，按照规矩办事就能获得你想要的结果"。[8]这一定义从逻辑上将战略与执行力联系了起来，让人深受启发。在此，我们将分析两位企业经理人的"理性"程度，两位都曾承诺要为股东创造价值。

"非理性"管理行为

跟踪实际业绩和预期业绩是广泛使用的业绩管理准则，这类准则往往是高度战术性的，聚焦战略计划中的销售额、利润和成长预测，而非短期的（月度、季度和年度）业绩标准。然而，类似的分析也可以更广泛地用于评估企业管理的理性程度。在此，我想举一个备受争议的企业经理人阿尔·邓拉普（Al Dunlap）的例子。

邓拉普的管理之道主要是大幅度降低问题企业的成本，

出售非核心资产来偿还债务，然后定位或"筹划"新的、更
精简的公司，用以出售给战略买家。他最知名的成功案例是
使可丽舒（Scott）纸业实现转型，在1995年此公司以94亿美
元的价格被出售给金佰利克拉克公司。[9]在这次交易之后的
1996年11月18日，邓拉普参与了一次关于"企业责任"的专
题讨论会，这在C-SPAN网上有视频记录。[10]在视频的一小
时左右，邓拉普做出了如下陈述："我相信，当股东把资金
投入公司时，他们需要公司研发出新产品、新设备，筹划新
概念，而且如果公司管理层为股东创造了真实财富[①]……"
这项陈述与我们接下来分析的基础相合，但首先还有一点值
得一提，邓拉普除了在1996年参加上述专题讨论，还被任命
为尚彬公司（Sunbeam）的首席执行官。

　　当时，尚彬公司正深受效益下滑之苦，而且公司股东实
际上也想要复制可丽舒的成功，[11]不过最终未能如愿。一篇
《商业周刊》的文章解释了其中原因：

　　　　第一，邓拉普的名气把尚彬公司的股价推到了
溢价水平，导致对该公司的并购成本增加。第二，
尚彬公司要达到邓拉普的预期也是难上加难。如果
要在1999年使公司收入翻倍，达到20亿美元，尚彬
公司需要以比竞争对手快5倍的速度增加销售额。如

---

① 此处原文为genuine wealth。——编者注

果要在一年多的时间内把营业毛利率提升到20%，尚彬公司需要把盈利能力从之前少得可怜的2.5%毛利率提升12倍以上。要想在1999年通过新产品实现6亿美元的销售，尚彬公司需要在每一棒都击出全垒打。

几乎所有管理层人员都认为这些目标不切实际，然而邓拉普拒绝承认。相反，他开始向他的直接下属施加残酷的压力，而这些下属又把这种压力逐级传递下去。公司员工接到了要么完成目标，要么卷铺盖走人的通牒，他们只有达到那些不切实际的目标，才能保住自己的饭碗。[12]

以上种种因素都反映了尚彬公司不断上升的风险水平，而公司的董事会、财务分析师和积极的公司股东都本应注意到这种风险。首先，邓拉普的名人效应在此时会带来股价上涨，但溢价价格水平其实难以维持，因此预示着战略和投资风险。[13]此外，本杰明·格雷厄姆和戴维·多德还认为，为股东创造价值的目标也包括公司管理层承担防止股价过高或过低的责任，[14]但尚彬公司并未做到这一点。邓拉普非但没有警惕过高的市场估值，还设立了过于激进的目标，以求让公司业绩与估值相匹配，并进一步推高市值。他为此向公司员工施加了巨大压力。

如此之大的压力催生出了博弈行为。引用《商业周刊》的话就是，"为了保住工作和股票期权，尚彬公司的一些经理人开始了各种各样的博弈。公司开始不再向独立销售代表付佣金，也不再支付账单，一些供应商被迫接受分期付款。更有部门经理称接到了猎头的电话，请求帮助催收款项"。可以说，这样的行为不仅是在可能性范围内，而且确实是"理性的"。原因在于，如果尚彬公司的管理层无法完成目标，他们必然会丢掉饭碗，但如果他们豪赌一把，达成了目标，结局可能就恰恰相反了。因此，尽管这些做法是不道德的，但却是理性的。但显然，这种做法与创造价值格格不入。[15]

当异常行为（绩效博弈）的风险得不到缓解时，它可能会变得"常规化"，这类行为反而会愈演愈烈，直到达到临界点。[16]这恰恰生动描述了尚彬公司的情况，公司的博弈行为渐渐蔓延到了财会领域：

> 随着假期的来临，完成目标的任务变得更加紧迫。在所有的策略中，有一项极其大胆，颇富争议，即11月初该公司开始推出"开票持有"[①]协议对烧烤架进行促销。为了延长产品的消费季节并提高销量，也为了实现邓拉普"扭转收益"的目标，尚彬公司在零售商产生需求的6个月前就提供大额的折扣，零售商只需签单，无须缴费或收货。这一

---

① 指一个实体与客户签订了销售合同，公司会计账面上确认收入，但是依然持有货物（未发货），直到未来某一时刻才将货物所有权转移给顾客。——编者注

> ◯◯◯ 策略的弊端非常明显：公司是在当下透支未来可能
> 产生的销售额。事实上，当邓拉普离开尚彬公司之
> 后，外部审计师要求公司重新提供财务报告，将这
> 段时间产生的价值为6200万美元的销售业绩未来几
> 个季度的业绩当中。[17]

以上援引自《商业周刊》的内容显然与邓拉普早前在专题会上所提出的为股东创造价值的承诺并不符。换句话说，尚彬公司的决定和行为并没有涉及创建新产品、新设备，筹划新理念，或者为股东创造"真实价值"。因此，按照斯坦诺维奇教授的定义来讲，这些决定和行为是非理性的。"非理性"的这一字眼用在这里并不仅仅是个描述性的词语，而是商业风险的一个主要指标，企业董事会、金融分析师和积极的股东都应该实时观察并紧密跟踪企业的各项决定和行为是否理性。

"理性的"管理行为

再来看一下亨利·辛格尔顿的例子，本书在上一章节对他有详细的描述。1986年，他的职业生涯接近尾声，亨利·辛格尔顿以2.34亿美元的价格把Argonaut保险公司剥离出特利丹公司，这一价格相当于1969年并购时价格的

169%。1990年，亨利·辛格尔顿又将特利丹其他的保险业务剥离出去，记者埃里克·萨维茨（Eric Savitz）这样写道：

> 当然，华尔街对公司剥离案例十分熟悉，但亨利·辛格尔顿的此次行动与其他剥离案例有所不同，旨在继续为股东创造价值。当很多公司都在夸夸其谈，如何实现股东价值最大化时，亨利·辛格尔顿的公司已经长期奉行这一承诺，并将股东价值最大化落到了实处。当时《巴伦》杂志中的描述，多年来，特利丹公司持续回购股票，提高股息，剥离有盈利能力的子公司，这一切都对股东有利。[18]

纵观他的职业生涯，亨利·辛格尔顿知行合一，他的决定和行为与自己所制定的目标和言论高度一致。毫不夸张地说，按照斯坦诺维奇教授的定义来讲，亨利·辛格尔顿的决定和行为确实是"100%理性的"，对此，沃伦·巴菲特的判断丝毫没有错误。事实上，亨利·辛格尔顿的做法与巴菲特和本杰明·格雷厄姆对"理性"的定义一致，不过这只是我个人的观点而已。更为重要的是，亨利·辛格尔顿所做出的理性行为是有据可循的，可供投资者和商业伙伴了解和探讨。

实际应用

邓拉普和亨利·辛格尔顿是两个极端案例，以上引述是为了解释说明。而实际上，鲜有企业经理人或投资经理人能做到100%理性或100%不理性。因此，可能有人会说，"理性"这个概念或许是个有意思的研究领域，实战价值却不高，我认为这种看法是错误的。从某种程度上说，如果投资对象是由有良好业绩记录的企业管理者领导的公司，他们的行为和决定与事先承诺的目标一致，而所设立的目标又有利于持续盈利、生产力的提高，那么这些投资就有更大的盈利机会。[19]

按照这种思路，确定潜在价值进而创造性投资的一种方法是通过公开传达的目标、目的和战略使公司业绩合理化。例如，在一家公司的并购审议过程中，重点集中在评估目标公司的要价上，该要价非常高，但与当时私募市场的估值一致。为了加强分析，我们将目标公司与其同类公司进行了比较，以确定每个公司的业绩与其公司经理的公开声明具有一致性。分析的结果不宜公开，但此案例中的目标公司得分低于其同类公司，因此表明该公司存在潜在的价值实现问题，估值可能因此会降低。虽然像这样的问题可能是在尽职调查中发现的，但我们在理性信息的指导下积极寻找这些问题，从而进行更有洞察力的分析，最终的结果就是我们给这家公司的并购报价低于传统私募市场的估值。[20]

这类分析的前提是可以与高管进行清晰而坦诚的沟通。要想知道沟通的内容是否坦诚清晰，可能需要大量的时间用来收集资料和分析资料。L. J. 里滕豪斯（L. J. Rittenhouse）就发表了一项"首席执行官坦诚和文化调查"，从坦诚和沟通的角度对企业进行排序。[21]这类信息非常实用，我们可以参考这类调查排名，在定价合适的情况下，确认该企业是否存在有利可图的投资和并购机会。此外，这类排名每年都会有所变化，帮助我们分析投资和并购是否合理。如果一个企业的诚信度随着业绩不断上升，那么我们就可以对企业经理人的目标承诺抱有更高的信心，相信公司能够弥补任何"价值缺口"。[22]此外，这种信息也可以帮助投资者决定是否要在一些投资项目上保持积极性。例如，价值投资者迈克尔·普里斯（Michael Price）曾经透露，他在投资初期一般不会非常积极，但当他发现公司董事会和管理层的行为"不符合股东的长期利益时"，他才会开始变得积极。[23]例如，当投资者发现企业的坦诚排名开始下降，业绩情况开始与企业的公开声明不符的时候，投资者就会积极参与公司管理。

结论

本章介绍了基于理性和启发性的见解为战略和投资分析提供信息的四种方法，全部由最基本的定义衍生而来，即理性的决定和行为需要与早先制定的目标、制订的声明和计划始终如一：

（1）企业经理人的目标、目的和陈述与他们的决策和行动之间有脱节，就表明企业风险会增加。这种情况发生在尚彬公司，并导致公司价值大幅度缩水。詹姆斯·格兰特也进行了一个类似的分析，他比较了全球奢华家具品牌Restoration Hardware公司"锐气逼人的董事长兼首席执行官加里·弗雷德曼（Gary Friedman）所做出的和他所采取或未来将采取的行动，我们的预测是倾向于悲观的"。[24]当格兰特的分析公布时，也就是2015年12月8日，公司每股股价为92.34美元。[25]到了2015年12月14日，根据谷歌金融提供的数据，该公司每股股价是78.65美元，下跌了将近15%（2016年7月17日，股价触底跌到25.99美元，之后开始强劲反弹）。

（2）如果企业经理人能像亨利·辛格尔顿一样，坦诚地沟通为股东创造价值的意图，或者是已经长期致力于此，那么当股票价格合适时，也就是股票市场下跌或者波动的时期，就是投资和并购的好机会。

（3）将一家企业的经理人与同类企业经理人拿来一起比较，分析他们的理性程度，可以对其他形式的投资、并购和风险管理分析进行有益的补充。

（4）"坦诚分数"也有助于分析投资或并购是否合理。例如，如果股票价格合理，企业的坦诚排名一直处于较高的水平，就意味着这是有利可图的投资或并购机会。"坦诚分数"也可以帮助投资人鉴别一家公司是否存在潜在的风险。

例如，若公司的"坦诚分数"不断降低，业绩情况又与对外声明不符，那么就表明该家公司可能业务风险水平在增加，需要投资者积极进行干预。

除了本章罗列的以上标准之外，理性概念指导下的分析还有很多其他的用途。沃伦·巴菲特曾经说过，"要想在一生中获得投资成功，并不是需要顶级的智商、超凡的商业头脑或内幕消息，而是需要一个稳妥的知识体系作为决策基础，并且有能力控制自己的情绪，使其不会对这种体系造成侵蚀"。[26]而我们所说的理性概念就是巴菲特眼中投资成功的基本前提。首先，将分析框架锚定到理性的公司管理中，可以帮助我们甄别出好的投资或并购机会，降低投资风险。其次，在投资和配置资产过程中保持理性，并与你的目标、目的和声明保持一致，尽量控制自己的情绪，使其不会对你的知识体系造成影响。在现代高度不确定的资本市场中，信息不对称性愈加明显，如果企业和投资经理能够时刻保持理性，他们就能从他人的不理性行为中找出漏洞，为自己所用，突破本章开头我们所引用的本杰明·格雷厄姆和戴维·多德笔下所说的主要障碍也就不在话下了。

注释

本章包含《投资》杂志中的内容，经授权在此引用。我想感谢布莱恩·布鲁斯、拉里·皮翁特科夫斯基和罗伯特·哈格斯特朗对我的前几稿提出的问题、评论和建议，我受益匪浅。任何错误或遗漏都与他人无关。

1. Benjamin Graham and David Dodd, *Security Analysis*, 6th ed. (New York: McGraw–Hill, 2009), 68.

2. Irving Kahn and Robert Milne, *Benjamin Graham: The Father of Financial Analysis* (Charlottesville, VA: Financial Analysts Research Foundation, 1977), 48.

3. 感谢莱昂·库珀曼为我提供影印版。

4. Carl Hovey, *The Life Story of J. Pierpont Morgan: A Biography* (New York: Sturgis & Walton, 1911), 98–99.

5. 在《约翰·皮尔庞特·摩根的一生》（见上一条注释）一书中，作者卡尔·霍维解释道，"铁路行业不讲逻辑，这一行业其实是一场混战。当时大家无法找到一个词来形容，后来发明了一个词，叫作'罪犯竞争'"。即便从历史角度上讲，这个用词都是很有趣的。詹姆斯·格兰特认为："市场其实并不比我们人类理性。" 可参考Maggie Mahar, *Bull!—A History of the Boom*, 1982–1999 (New York: Harper, 2003), 69. 也可参加以下书目，了解铁路行业的历史分析，参考 Alfred J. Chandler, *The Visible Hand: The Managerial Revolution in American Business* (Cambridge, MA: Belknap, 1977).

6. Willy Shih, *Rational Choice and Managerial Decision Making*, HBS case services #9–614–048 (January 14, 2014), 1–2.

7. 罗伯特·哈格斯特朗和价值投资者拉里·皮翁特科夫斯基为我本章内容提供了灵感。可参考Robert Hagstrom, *Investing: The Last Liberal Art*, 2nd ed. (New York: Columbia, 2013), 151.

8. Keith Stanovich, *What Intelligence Tests Miss: The Psychology of Rational Thought* (New Haven, CT: Yale, 2009), 16. 对这一定义的解释详见Robert Hagstrom, The Warren Buffett Way, 3rd ed. (Hoboken, NJ: Wiley, 2014), 205–206, 以及 Michael Mauboussin and Dan Callahan, IQ versus EQ: Differentiating Smarts from Decision–Making Skills, *Credit Suisse white paper*, May 12, 2015.
斯坦诺维奇教授提出了行为经济学的影响。《思考，快与慢》(New York: Farrar, Strauss and Giroux, 2011)

一书中，作者丹尼尔·卡尼曼（Daniel Kahneman）认为，"智慧和理性之间的不同会让我们有新的发现，时间会给我们答案"。

9. Joseph Calandro, Jr., "Turnaround Value and Valuation: Reassessing Scott Paper," *Journal of Private Equity* (Winter 2011): 67–78.

10. 视频链接：http://www.c–span.org/video/?76876–1/corporate–responsibilities.

11. 这一假设在我2015年与一名内部人士的对话中得以证实。

12. "Chainsaw Al: He Anointed Himself America's Best CEO. But Al Dunlap Drove Sunbeam into the Ground," *Businessweek*, October 17, 1999.

13. 详见《聪明的投资者》第4版（New York: Harper & Row, 1973），作者本杰明·格雷厄姆。作者认为，所谓"风险"的概念其实就是"由销售或者公司情况的变化而带来的价值亏损，也可能是由于以过高的、低于内在价值的价格购入资产而带来的损失"。

14. Benjamin Graham and David Dodd, *Security Analysis*, 6th ed. (New York: McGraw-Hill, 2009), 582. 原因可以从市场行为分析而得出。本杰明·格雷厄姆认为，"由于大多数人骨子里倾向于投机或赌博，受欲望、恐惧和贪婪所左右，因此大多数时间里股票市场都是非理性的，容易有过激的股价波动”。

15. Seth A. Klarman, *Margin of Safety: Risk-Adverse Value Investing Strategies for the Thoughtful Investor* (New York: HarperBusiness, 1991). 作者认为，企业经理人“不仅会回应不确定性因素，有时候还会通过采取不确定的或者考虑不当的行为而增加不确定性”。

16. Joseph Calandro, Jr., "A Leader's Guide to Strategic Risk Management," *Strategy & Leadership* 43 (2015): 32.

17. "Chainsaw Al," *Businessweek*.

18. Eric Savitz, "Son of Teledyne: The Conglomerate Spins Off Its Insurance Operations," *Barron's*, April 23, 1990, 16.

19. 这是一个基本但又十分重要的点。投资者斯坦利·德鲁肯米勒（Stanley Druckenmiller）认为，“坦言之，现在依旧有很多分析师不清楚股票价格上涨或下跌的原因”。Jack Schwager, *The New Market Wizards: Conversations with America's Top Traders* (Glenelg, MD: Marketplace, 2008), 222.

20. 交易没有完成，潜在卖家出于风险管理的考虑决定放弃交易。

21. L. J. Rittenhouse, "2015 Rittenhouse Rankings: CEO Candor & Culture Survey," *Rittenhouse Rankings* (2015). 若想获取更多信息，详见L. J. Rittenhouse, *Investing Between the Lines: How to Make Smarter*

Decisions by Decoding CEO Communications（New York: McGraw-Hill, 2013）. 有趣的是，罗伯特·哈夫斯（Robert Havers）在列举乔治·马歇尔（将军、美国前国务卿、诺贝尔和平奖获得者，George C. Marshall）的领导力品质时，认为坦诚应该是领导力中最为重要的一环。

22. William E. Fruhan, Jr., "Corporate Raiders: Head'em Off at Value Gap," *Harvard Business Review*, July–August 1988: 63–69.

23. "'It Is the Judgment That Counts'—Michael Price," Graham & Doddsville 12 (Spring 2011): 1, 4, and Bruce Greenwald, et al., *Value Investing: From Graham to Buffett and Beyond* (Hoboken, NJ: Wiley, 2001), 246. Note also Seth A. Klarman, "Preface to the Sixth Edition: The Timeless Wisdom of Graham and Dodd," in Graham and Dodd (2009), xxxv–xxxvi.

24. James Grant, "Anticipating Mr. Friedman," *Grant's Interest Rate Observer* 33, no. 24 (December 11, 2015): 8.

25. Grant, "Anticipating Mr. Friedman," 9.

26. Warren Buffett, preface to Benjamin Graham, *The Intelligent Investor*, 4th ed. (New York: Harper & Row, 1973), vii.

第7章

企业管理和"现代证券分析"

在某种情境下卓越的管理方法并不一定适用于别的情境；在一个时期表现优异的交易人，在另一个时期可能表现很糟糕。有些人在经营效率上颇有天分，但这可能掩盖了他在复杂的财务问题上的盲区。

——马丁·惠特曼和马丁·舒比克（Martin Shubik）[1]

交易和下棋不一样，并不是说一方赢了，另一方就肯定输了。交易其实并不是零和游戏。在一桩精心协商出的交易里，人人都是赢家。

——马丁·惠特曼和费尔南多·迪兹[2]

2018年4月16日，马丁·惠特曼逝世，标志着一个时代的落幕。[3]在撰写本章之前，我有幸与这位传奇人物共事。本章主要描述了当前市场动态和需求变化的情况下管理技术的演变。例如，2007—2008年全球金融危机和随之而来的历史波动水平及政府干预，使人们开始重新审视一些久负盛名的经济理论，而首当其冲的就是所谓"世界上最愚蠢的主意"——实现股东价值最大化。[4]当然这并不意味着企业的股价不重要。相反，其目的在于将视线引导到现代股东价值理论中一直存在的对立争论。尽管价值从本质上是主观的，但有些人开始提出这样一个概念：每日市场价格是衡量价值的唯一标准，所以公司应该密切管控短期内的盈利表现，为的是不让"市场"失望，影响股价。这明显是无稽之谈，但当市场仍一片大好时，很少有人费心思去质疑繁荣背后的基础，直到不可避免的萧条来临。

与当今微观或短期投资者相反，专业价值投资者更倾向于关注长期投资，例如伯克希尔-哈撒韦公司的沃伦·巴菲特、洛斯公司（Loews）的掌门人蒂施家族，以及美国自由媒体集团（Liberty Media, Liberty Global, and Qurate Retail Group）的约翰·马龙，等等。

惠特曼和费尔南多·迪兹合著了《现代证券分析》（*Modern Security Analysis*）一书，解释了超越当前实践技能的演变。在此我摘取了书中的部分内容，自认为对企业管理有很重要的意义。

重视信誉而非收益

惠特曼和迪兹更注重公司信誉而非"股东价值"，因为后者的表现形式可谓瞬息万变，并且受短期和中期波动的影响。

过度地重视"股东价值"会导致的一项后果是"企业管理层倾向于投机主义，也就是说，企业会利用优质的财务状况作为资本去进行资源互换，创造更多财富"。[5]后文我们会对此进行更深入的分析，不过现在我们需要了解的是，惠特曼和迪兹并没有利用信用评级或者风险价值（VaR）所衍生出来的方法来评估信誉，而是将信誉定义为是三个因子构成的函数：债务量；债务条款；因借款产生的收益应用于生产的效率，[6]三因子严格通过自下而上的分析进行评估。这一定义带来的影响是巨大的。

首先，尽管"债务量"看起来似乎容易理解，但由于理论和实际原因，这一概念并非直白易懂。从理论上讲，经济学家认为资本结构是无关紧要的。[7]尽管很多企业经理人对这一看法嗤之以鼻，在2007—2008年金融危机期间，依旧有很多企业经理人"对自己公司的资产负债表知之甚少"。[8]因此，他们要么被迫出售资产，要么受到严重冲击，面对危机中产生的投资和并购机会，却心有余而力不足。与这些经理人相反，沃伦·巴菲特就在危机中低价投资了高盛和通用电气，获得了十分可喜的收益。巴菲特十分巧妙地配置了优质的财务资金，创造了大量财富，这与当时很多企业经理人的际遇有着天壤之别。[9]

其次，我们再来分析"债务条款。"听起来似乎很容易理解，但其实不然。例如，AIG签订的各种信用违约互换的信用支持附件（包括抵押品要求），导致这家公司在2007—2008年金融危机中濒临破产。在危机前，该公司的管理层对这些附件抑或不理解抑或过于轻视了。[10]

最后，也是最重要的一点就是金融资产的有效利用，这对一些企业经理人来说十分困难。例如，有些对价值投资领域有兴趣、愿意将价值投资原则运用到企业财务管理的一些经理人经常问我这样一个问题："案例分析看上去不错，不过我如何知道什么时候价格合适，什么时候适合购买呢？"惠特曼和迪兹为此提供了切合实际的解答，不过我们首先先来看一下历史背景。

本杰明·格雷厄姆创造并沿用的一个成功的技巧就是，当股价低于资产净净价值时就是买入的好时机。计算净净价值就是流动资产减去总负债。不过，这种股价低于净净价值的机会渐渐变得不可多得。然而，这一概念依旧十分引人注目，即用非常低的价格购买高流动性资产。因此，惠特曼和迪兹对这一概念进行了简单调整，将分析基于重置成本价值而非仅仅遵循美国的会计准则（US GAAP），也就是将资产范围不仅限于会计准则中所定义的流动资产，使之适应当今需求，以下通过案例对此进行介绍：

根据《美国国内税收法》第1231条，贸易或业务中使用的［财产、厂房和设备］的亏损销售通常会产生所得税意义上的自然损耗。在这种情况下，公司可以申报损失，首先是为了减少当年应纳的所得税，而且任何超额亏损都可以向美国国税局申请，从前两年支付的税款中直接提取现金退款。[11]

值得重视的一点是，信誉和股东价值在道德层面是不同的。现代股东价值理论营造出了一种零和环境，不利于长期财富的创造，也对客户、员工和监管方等更广泛的利益攸关方带来不利影响。相反，信誉则本质上是一种往往被忽视或遗忘的品质，因此"我们要记得信用这一词来源于拉丁语，意思是'令人信服'"。[12]正如价值投资者塞斯·卡拉曼写道："承诺是否可以兑现取决于承诺方的行动。"[13]以下约翰·皮尔庞特·摩根于1912年在普约委员会面前作证时的著名情景恰恰印证了这一无可争议的事实。

> 问：商业信用是否主要基于金钱或资产？
>
> 摩根：并不是，先生。首要的一点是品质。
>
> 问：品质先于金钱或资产吗？
>
> 摩根：品质先于一切。金钱买不到品质……在信奉基督教的国家，我不信任的人是不可能从我手中拿到任何钱的。[14]

有些时候，只有从历史中吸取教训才可能有所进步。然而，我们并不是说信誉是最完美的衡量标准。价值是主观的，[15]未来又是不确定的，所以说世上没有完美的衡量标准。尽管如此，通过严格的自下而上的分析所评估出的信誉肯定比季度收益（或现金流）和股价的变动能更好地评估企业的发展。

企业经理人是经营者、投资者和金融家

很多企业经理人自认为是经营者，因为他们很多人都是一步步爬到管理层位置的，并且也往往受过良好教育。因此，很多企业内部都有传统的企业发展部门，其运作流程和技巧基本都大同小异。这也许就是很多企业并购失败的原因，而失败的缘由又大多类似。[16]例如，企业并购失败的一个主要原因就是"买入价格过高"。[17]尽管市场一片繁荣的时候，并购价格较高并不会带来什么后果，但所有的繁荣都是暂时的，当繁荣结束，严重的后果也就随之而来。越来越多的人开始认同这样一个事实，企业经理人不能再被某些经营思想所指导："当音乐停下来，或者说流动性变得紧张时，情况肯定会复杂起来。但只要音乐不停，你就得一直跳舞，大家都在一直跳舞。"[18, 19]

惠特曼和迪兹含蓄地指出，人往往会从一笔糟糕的交易或一系列糟糕的交易中成长起来，企业经理人也会慢慢具备更强的投资、企业管理和融资方面的能力，前提是他们能够在所在的领域获得足够的信息和分析优势，[20]换句话说，他们需要"以更高超的水准来利用信息"。[21]

投资和融资技能不仅涉及新资产的购置，它还涉及将现有资产转化为更具生产性的用途，也就是所谓的资产置换。[22]在出色的企业经理人管理下，效果往往十分明显：

> 2012年，大多数恶意收购似乎都如出一辙，陷入困境的投资者从陷入困境的公司获得信贷，然后作为重组计划的一部分，把债务置换为普通股。[23] 按照这一方法，布鲁克菲尔德资产管理公司在2011年获得了通用地产发展公司的控制权，约翰·鲍尔森（John Paulson）获得了多家度假酒店的控制权，卡寇工业公司与第三大道价值基金联手获得了棕榈港建筑公司的控制权。[24]

当今市场瞬息万变，资源转换手段可能会加剧，并在未来变得更加常见。

了解积极投资者的动机和做法

积极投资者往往受到广泛关注，因为他们带来巨大的管理压力和曝光度。不过，"积极投资"这一概念的好坏与否因情而异。面对糟糕或有欺骗性的管理，投资者的积极参与是十分有益的。但面对强大又健全的管理，投资者的干预往往会扰乱正常的秩序。不管具体应用如何，我们都可以从惠特曼和迪兹的《现代证券分析》一书中获得一些启发：

（1）私募股权杠杆收购的经济理论——"无担保债务竟也能出售，这说明这笔交易对资本市场有超强的吸引力"。[25]

（2）企业收购中使用创新融资方法——"诚信保险公司（Reliance Insurance Company）的案例之所以令人感兴趣，部分原因是它对支付现金的收购方给予了极具吸引力的可能性，一方面，使他们在税收优惠的基础上获得安全、高于平均水平的回报；另一方面，使他们有机会受益于市价上涨。"[26]

（3）使用创新融资方法造福控股股东——"做买卖和下棋不一样，并不是说一方赢了，另一方就肯定输了。做买卖其实并不是零和游戏。一桩精心协商的好生意，人人都是赢家。"[27]

最后，值得重视的一点就是，以上我们讨论的主题包括：第一，重视信誉而非收益；第二，企业经理人是经营者、投资者和金融家；第三，了解积极投资者的动机和做法，这三点需要同时加以考虑。事实上，如果你能真正理解以上三点概念，你肯定会更加理解和欣赏诸如沃伦·巴菲特、蒂施家族、约翰·马龙等人的成就。几年前，在准备本章内容时，我采访了马丁·惠特曼，以下是采访记录。

问：作为一名成功的价值投资者，在您漫长的职业生涯中，您是否考虑过面对效率低下的市场，企业经理人应该如何妥善应对？

答：有一点毋庸置疑，大多数市场都是效率低下的，这是因为大多数的市场分析是错误的。例如，以下几点是很多投资者、分析师和企业经理人所运用的传统市场分析模式，但都不利于创造长期财富。这几点包括：关注短期收益；自上而下为导向；关注周期收益而非资产负债表和财务状况；缺乏对潜在价值和价值驱动因子的关注。这些模式往往不利于对公司及其发行的证券进行有效评估和管理。[28]

像亨利·辛格尔顿和拉里·蒂施等成功的企业经理人认为，市场价格是"无效"的，他们只会密切地关注价格的浮动，并在合适的时机出手。企业经理人无须过分担心市场价格，或者寄希望于微观手段对其进行管理。理解这一点对我们的实战有很强的指导意义。例如，股票价格低可能意味着有合适的购入机会。这种情况下，尽管价格波动和相关性都是非常重要的指标，但我们无须过分关注，需要关注的则是企业是否有不良贷款。如果存在不良贷款，企业是否有足够的抵押物来担保。思考和分析方法不同，企业经理人的结局也就不同。我们之前举的沃伦·巴菲特低价购入高盛和通用电气的例子就十分典型。

问：企业经理人如何能够更有策略地利用资本市场融资？

答：市场效率低下的一个后果是，在不同时期进入资本市场，情况大不一样。在某些时期，比如在互联网繁荣时期，[29]市场往往是在往外撒钱，脸书（Facebook）的首次公开募股就是明证。[30, 31]在这种情况下，通过资本市场融资就比通过留存收益更划算。然而，在其他时候，市场可能会冻结，造成广泛的流动性混乱，如2008年。在这种情况下，将留存收益投入到运营当中就比从资本市场融资更为划算。因此，企业经理人需要灵活变通，在短期市场失效的时候，抓住机遇、为我所用。

当然，这里面涉及时机的因素，但精通基础金融的企业经理人，他们有着长远视野，解决这种问题肯定不在话下。[32]例如，1980年，亨利·辛格尔顿用特利丹公司被低估的股票代替了价格有利的债券，这样做有效地"预测"或估计了债券市场的顶部。此外，我们的书中也详细分析了2005年赫兹公司被CD&R、凯雷投资等私募基金联合收购的案例。[33]

问：很多公司采用风险管理模式自上而下的管控风险。您对这些企业的管理层有哪些建议吗？

答：我们在书中指出，"在金融学中，分析一词往往由一个形容词修饰。没有一般性质的风险，但有市场风险、投资风险、利率风险、通胀风险、到期风险、证券欺诈风险、发起人赔偿过多风险等"。[34]大多数企业经理人关注的是市场风险（价格波动）和投资风险（业务问题），其中投资风险最为重要。[35]

投资风险最好通过严格的自下而上的分析进行管控，因为这种分析主要是以管理为导向的。例如，成功的风险控制会带来以下好处：

（1）雄厚的财务状况。这指的是，负债少，有价值的资产多，有大量现金或现金等价物，有经营外的自由现金流。

（2）业务管理较为合理。

（3）合理的商业模式。这指的是公司有良好的信息披露机制，财务状况接受审计，当然高科技创业公司和涉及自然资源开发的企业可以作为例外。[36]

这种风险管理方法的一个好处是，当市场风险和投资风险状况不同时，它有助于识别战略机会。例如，我们的书中就分析了1995年凯马特的案例：尽管当时市场风险水平上升，价格波动幅度很大，但该公司的信贷几乎没有产生任何投资风险。这种投资风险不随市场风险的增加而增加的现象，同时也带来了有利可图的低风险、低价格的投资机会。[37]

问：谈到投资机会，对那些愿意将您所推崇的技巧运用到企业管理中的经理人，您有哪些建议给他们？

答：一些企业经理人可以通过投机性质的投资或并购创造财富，因为投机主义本来就是财务状况雄厚的一个表现。然而，正如我刚刚所说的，在并购方面跌跟头的情况也是非常常见的。[38]减少并购风险的一个方法，就是在并购前多多考虑并购后会对企业发展带来哪些好处，企业经理人可以用自下而上的分析进行判断。例如，我们在书中就分析了1968年里斯科数据处理设备公司（Leasco Data Processing Equipment Corporation，以下简称"Leasco公司"）对诚信保险公司的并购案。[39]总的来说，这一并购案运用了创造性的融资方法，妥善的会计处理方法，创造了巨大的价值，"因为它使Leasco公司能够在不冒现金风险的情况下锁定关键的普通股，除非它要获得诚信保险公司的控制权"。[40]

此外，税收因素能够逐渐影响到交易的经济

性，并非所有公司经理都能充分意识到这一点。约翰·马龙就总能灵活玩转税收因素，[41]但相反，美国电信巨头AT&T公司在1998年对马龙控制的有线电视巨头TCI的收购过程中就忽视了税收可能带来的后果。[42]

注释

本章包含《战略与领导力》杂志中的内容，经授权在此引用。我想感谢马丁·惠特曼和费尔南多·迪兹对我的前几稿提出的问题、评论和建议，我受益匪浅。任何错误或遗漏都与他人无关。

1. Martin J. Whitman and Martin Shubik, *The Aggressive Conservative Investor* (Hoboken, NJ, Wiley, 2006 [1979]), 338.

2. Martin J. Whitman and Fernando Diz, *Modern Security Analysis: Understanding Wall Street Fundamentals* (Hoboken, NJ: Wiley, 2013), 467.

3. 纵观惠特曼的职业生涯，他有一笔极其成功的困境投资，是对破产的宾州中央铁路公司的收购。此外，推荐阅读罗伯特·索贝尔（Robert Sobel）所著的《巨石的陨落：宾州中央铁路公司的覆灭》（*The Fallen Colossus: The Great Crash of the Penn Central*）（New York: Beard, 2000[1977]）。

4. Steve Denning, "The Financial Times Slams 'The

World's Dumbest Idea,'" *Forbes*, September 2, 2014.

5. Whitman and Diz, *Modern Security Analysis*, 104.

6. Whitman and Diz, *Modern Security Analysis*, 105.

7. 马丁·惠特曼和费尔南多·迪兹认为，"与价值投资者不同，一些著名的经济学家如凯恩斯、弗兰科·莫迪利安尼（Franco Modigliani）和默顿·米勒（Merton Miller）都不太重视信誉对行业发展的重要角色"。若想了解更多有关现代金融经济学的信息，可参考彼得·伯恩斯坦的两本书《资本思维：现代华尔街起源》（*Capital Ideas: The Improbable Origins of Modern Wall Street*）（New York: Free Press, 1992）和《资本思维的演进》（*Capital Ideas Evolving*）（Hoboken, NJ: Wiley, 2007）。

8. Michael Lewis, *The Big Short: Inside The Doomsday Machine* (New York: Norton, 2010), 174.

9. 价值有两种定义，一个是股票价格的定义，一个是财富的定义。在这里，"妥善的经营、谨慎的投资、成功地进入资本市场是创造财富的途径。"详见 Martin J. Whitman, "Letter from the Chairman," *Third Avenue Funds: Portfolio Manager Commentary*, July 31, 2014, 1. See Whitman and Diz, *Modern Security Analysis*, 20–21.

10. Rodney Boyd, *Fatal Risk* (Hoboken, NJ: Wiley, 2011),

206–208.

11. Whitman and Diz, *Modern Security Analysis*, 96.

12. L. J. Rittenhouse, *Investing Between the Lines: How to Make Smarter Decisions by Decoding CEO Communications* (New York: McGraw-Hill, 2013), 75. See also Martin Mayer, *The Fed: The Inside Story of How the World's Most Powerful Financial Institution Drives the Markets* (New York: Free Press, 2001), 20. 感谢迪兹指出错误。

13. Seth A. Klarman, *Margin of Safety: Risk-Adverse Value Investing Strategies for the Thoughtful Investor* (New York: HarperBusiness, 1991), 69.

14. Ron Chernow, *The House of Morgan: An American Banking Dynasty and the Rise of Modern Finance* (New York: Atlantic, 1990), 154.

15. Joseph Calandro, Jr., *Value Investing General Principles*, September 21, 2016, available at SSRN: https://ssrn.com/abstract=2575429.

16. Paul Carroll and Chunka Mui, *Billion Dollar Lessons: What You Can Learn from the Most Inexcusable Business Failures of the Last 25 Years* (New York: Portfolio, 2008), and Joseph Calandro, Jr., "Learning from the Expensive Failures of Others," *Strategy &*

Leadership 37, no. 5 (2009): 47–49.

17. Carroll and Mui, *Billion Dollar Lessons*, 26.

18. Michiyo Nakamoto and David Wighton, "Citigroup Chief Stays Bullish on Buy-Outs," *Financial Times*, July 9, 2007.

19. Robin Alexander Campbell, tr., Seneca, *Letters from a Stoic* (New York: Penguin Classics, 2014), 206.

20. Whitman and Diz (2013), 32. 在当今企业管理和证券分析中，"关注最少、使用最少的一个项目就是资产负债表。"可参考Martin J. Whitman, "A Fresh Look at the Efficient Market Hypothesis," in Philip Jenks and Stephen Eckett, ed., *The Global Investor Book of Investing Rules: Invaluable Advice from 150 Master Investors* (New York: Financial Times, 2002), 471.

21. 一个典型的例子就是安然公司，详见David F. Hawkins and Jacob Cohen, Enron Corporation: May 6, 2001 Sell Recommendation, HBS case services #9–104–075 (March 7, 2006).

22. Whitman and Diz, *Modern Security Analysis*, 169.

23. Martin J. Whitman and Fernando Diz, *Distress Investing: Principles and Techniques* (Hoboken, NJ: Wiley, 2009).

24. Whitman and Diz, *Modern Security Analysis*, 357.

25. Whitman and Diz, *Modern Security Analysis*, 405.

26. Whitman and Diz, *Modern Security Analysis*, 432.

27. Whitman and Diz, *Modern Security Analysis*, 467.

28. 其他一些市场可能会比较有效，如国债和期权。然而这些市场也会受到严重的、偶然性的混乱所影响。参见纳西姆·尼古拉斯·塔勒布《黑天鹅：如何应对不可预知的未来》Nassim Nicholas Taleb, *The Black Swan: The Impact of the Highly Improbable* (New York: Random House, 2007).

29. Michael Lewis, *"New New Money," in Panic: The Story of Modern Financial Insanity* (New York: Norton, 2009), 176–185.

30. 乔治·古德曼（George Goodman）将这一现象称为"超级金钱"，详见他的著作《超级金钱》（*Supermoney*）（New York: Random House, 1972）。

31. "Out of Control," *The Economist*, September 20, 2014, 67.

32. "金融包括以下方面：价值投资、困境投资、控制投资、信用分析、第一和第二阶段风险投资。"详见Whitman and Diz, *Modern Security Analysis*, 5.

33. Whitman and Diz, chapter 25 in *Modern Security Analysis*.

34. Whitman and Diz, *Modern Security Analysis*, p. 120.

35. Whitman and Diz, chapter 8 in *Modern Security*

Analysis.

36. Whitman and Diz, *Modern Security Analysis*, 127.

37. Whitman and Diz, *Modern Security Analysis*, 120–121.

38. Whitman and Diz, *Modern Security Analysis*, 162–163.

39. Whitman and Diz, chapter 26 in *Modern Security Analysis*.

40. Whitman and Diz, *Modern Security Analysis*, 432.

41. Mark Robichaux, *Cable Cowboy: John Malone and the Rise of the Modern Cable Business* (Hoboken, NJ: Wiley, 2002), 239.

42. Robichaux, *Cable Cowboy*, 245–246.

第8章
价值实现是"最重要的事"

我们需要问两个问题：第一，什么因素会对价值增长的贡献最直接？第二，这些因素在不久的将来实现的前景如何？

——本杰明·格雷厄姆[1]

如果公司的资产都挥霍在亏损的业务和盲目的并购当中，即便前途一片大好的净净投资也必将以失败告终。

——霍华德·马克斯[2]

在本章，我们会探讨价值实现这一话题，这一点很重要，因为所有的战略举措都取决于实现价值的某个事件或一系列事件，而摆在投资者面前的有三条路：第一，他们可以被动地观察进展，等待市场价格上涨；第二，他们可以积极地推动管理层的决策，逐渐实现价值；[3]第三，他们可以直接收购资产，主动创造价值。企业经理人往往会选择第三条路，不过这三种方法同样重要。例如，当一家公司购买了股票之后，它可能会被动地观察市场价格的变化，但如果收购的是另一家公司或者一个业务单元的话，当业绩受损的时候，它可能就会积极干预公司的业务。因此，只有真正了解了价值实现的概念，才能增加价值实现的可能性。

2011年，霍华德·马克斯出版了《投资最重要的事》一书。[4]马克斯是橡树资本管理有限公司的联合创始人兼董事长，该公司位于加州洛杉矶，主要经营基于信贷的价值投资。读完这本书之后，我又有幸聆听了他在纽约证券分析师协会的演讲，倍受启发。[5]我惊喜地发现价值投资理念能够如此广泛地运用到企业管理当中，我将在本章对其进行详细解读。

企业战略

如果说经济学是社会科学的宠儿，那么战略就是企业管理学的宠儿[6]。有关战略的书籍、期刊和文章数不胜数，但战略的概念依旧是企业经理人和投资者眼中的空中楼阁。然而，任何成功战略的核心其实就是差异化，或者说与众不同。其中的原因非常直截了当，马克斯这样解释：

> 你的竞争对手可能多谋善断、消息灵通、技术能力强，所以你必须具备他们没有的优势。你必须想到他们想不到的东西，重视他们所忽视的东西，具备他们没有的洞察力。你必须另辟蹊径、与众不

> 同。简单来说，做正确的事情可能是投资成功的必
> 要条件，但并不是充分条件。你必须比其他人做得
> 更加正确，或者说你必须和别人有不一样的思路。[7]

差异化的概念贯穿于《投资最重要的事》一书的始终，因为很多成功的战略或投资在商业周期一开始就不同凡响。毕竟"很多好的交易都是因为投资者看到了其他人看不到或者不想看到的机会"。[8]要想抓住这种机会，企业经理人和投资者必须"在信息或分析方面有优势，或者两者皆有优势"。[9]利用优势来持续对抗市场认知是极其困难的，[10]但如果某种资产不存在任何竞争，那就意味着资产肯定处于低价。竞争就意味着资产在市场上是被看好的，因此价格也会更高。马克斯说："将高价资产转变为成功的投资需要大量努力和运气。"[11]

尽管以上投资方式是基于差异化概念的，在主流战略研究中却并不常见。主流研究往往关注价值概念的差异化，这也是所有特许经营企业或者具有长期竞争优势企业的重要特征，这些企业或品牌往往聚焦产品或服务的差异化，或者提供低成本的产品和服务。特许经营企业产生的收益往往较高，因此它们会吸引越来越多的竞争，最终优势和收益也会逐渐减少。然而，内在原因也会影响竞争优势。马克斯的判断就十分准确，"很多人往往会认为，今天的辉煌业绩也预

示着美好的明天。事实上，今天的辉煌业绩可能是由明天的损失换来的，所以说未来的业绩可能并没有想象的那么美好"。[12]管理资本结构是价值实现的一个重要方面。后文我们会对其他方面进行探讨。

企业管理

成功的企业经理人会积极减轻价值破坏的风险，考虑到价值破坏的情况时有发生，所以这一点是非常重要的。例如，马克斯认为，"我们惊喜地发现，橡树资本管理公司早期的很多主要竞争对手已经不能对我们构成威胁了，甚至已经退出历史舞台。一些竞争对手的失败是因为组织或商业模式存在问题，而其他竞争对手的销声匿迹则是因为执意在低收益的环境下追求高收益"。[13]以下我们来分析一下企业失败背后的管理因素。

企业的商业模式管理是极其关键的一环，很多企业破产都是由于"组织缺陷导致商业计划难以为继"。[14]如果像罗伯特·卡普兰（Robert S. Kaplan）和大卫·诺顿（Daivd P. Norton）所说的那样，"领导力最重要的就是微妙地保持稳定和变化之间的平衡"，[15]那么商业模式就是管控这一平衡的工具，主要有两种方式可以实现。

第一种方式，企业经理人可以不断地拓展他们的商业模式，为了实现更高的业绩目标。这一方式背后的考虑是，部门经理往往会制定简单可行的目标，所以企业经理人就必须对他们进行鞭策，来实现更高的价值，这可以解释为收益高于所需。用之前一位运用这一方法的企业经理人的话讲，"制定看上去不可能的目标，我们往往能够完成不可能的目标；即便这一目标没有达成，我们最终的成绩也比之前预计的要好"。[16]

另外一种方式是，加强以战略为目标的绩效管理，目的是逐渐稳定或扩大竞争优势，这也就等于保持业绩目标。例如，沃伦·巴菲特在评论伯克希尔-哈撒韦公司1996年的年度报告中GEICO公司的业绩时表示，"我们从不以提高标准来迎接出色的工作。如果GEICO公司的业绩继续改善，我们将很高兴继续制作更大的业绩图表"。[17]马克斯这样评价道："你可能会比其他竞争者打出更少的本垒打，但同时也会遭遇更少的三振出局和双杀。"[18]

哪一种方式能够增加价值实现的可能性？这取决于战略的执行：

（1）在周转困难的情况下，企业经理人延伸目标，改善业绩，以免在万不得已的时候采取如申请破产等极端措施。

（2）对于经营正常的企业来说，延伸目标的做法可能就要谨慎而为了。有很多公司就是因为过分延伸目标，执意在低收益环境下追求高收益目标，最终走向失败。持续的延伸目标渐渐会为商业模式带来压力。正如任何组织结构一样，压力之下的商业模式最终会出现断裂。值得重视的是，这种断裂并不是一蹴而就的，而是随着时间的推移，由于不断放松战略、投资和产品标准，各种风险累积，最终走向破产的深渊。[19]

不管最终选择哪种方式，企业管理最关键的一环就是防止破产风险。

风险

有关风险的书籍、期刊、文章和演讲数不胜数，大多聚焦于利用模型来量化潜在损失的程度。然而，马克斯认为，"你无法预知未来，也没必要预知未来，所以你只需要在对未来一无所知的情况下做好当下的投资"。[20]在这一过程中，最基本的一点就是"不做错事"，[21]认真寻找风险，并管控好风险。

首先，马克斯认为，就像价值一样，风险从本质上是主观的，因此"最大的风险就是持续损失"。[22]没有多少人会对这两种观点提出异议，但马克斯不认同金融正统观念，他认为高风险不等同于高回报，"因为如果风险越高的投资一定能获取更高的回报，那么这种投资就不能叫高风险投资"。[23]因此，错误的决定导致的持续损失才是需要努力加强管控的对象。价值投资者以低于价值的价格购买资产，来管控风险，获取丰厚的安全边际。本杰明·格雷厄姆这样解释其中的道理："安全边际总是取决于支付的价格。在某一个价位时，安全边际量比较大，当价格更高时，安全边际量减小，当价格再高时，安全边际就不存在了……它为误判或运气不佳预留了空间。"[24]

寻找存在安全边际投资机会的一个方式就是与被迫卖家或因某种形式的困境而面临撤资压力的投资者和公司进行交易。马克斯认为,"从被迫卖家那里购买资产是最划算的交易了,而被迫卖家则是最惨的一方。所以,企业经理人最好好好管理公司事务,以免在糟糕的情况下被迫出卖资产"[25]。从这一角度讲,要想管控风险,重要的是保守地估计当下,而非预知未来。关键的一点就是学会认清当下的市场情况处在市场周期的什么阶段,马克斯做出了以下分析:

牛市的3个阶段:

(1)一些有远见的人开始嗅到市场会好转;

(2)大多数投资者开始意识到市场开始好转;

(3)所有人都认为市场会越来越好。[26]

熊市的3个阶段:

(1)为数不多的一些投资者开始意识到,市场繁荣的景象不会持续存在;

(2)大多数投资者意识到情况在急转直下;

(3)所有人都知道情况变得越来越糟。[27]

在市场后期上扬的情况下,如何考虑战略决策,我们可以从分析2005—2006年的全球经济中获得些许启发。在那段时期,大多数投资者都认为情况会越来越好(也就是牛市的第3阶段)。没有哪一个牛市永不落幕,投资者应该保守地评估当时所处的市场周期,对他们的投资组合进行妥善定位，首先在即将到来的市场转折中生存下来，并抓住这一机遇，低价购买被迫出售的资产。马克斯如此描述2007—2009年金融危机期间他的经历：

当时我们认为全球金融系统可能都会崩溃。实际上，我们逐渐看到雷曼兄弟宣告破产，贝尔斯登得到紧急救助，美林证券被并购，AIG告急，房利美、房地美、富国银行和WaMu银行的情况急转直下。在这一历史上最严重的危机期间，在熊市的第3阶段，当人人认为情况会越变越糟的时候，投资者也购入了大量资产。情形就像摇动的钟摆，价格在2008年大幅下滑，在触底之后出现了投资机会，而在2009年，这些投资者获取了巨额收益。[28]

再举另外一个例子，在2005—2006年，风险管控工具的价格跌至丰厚的安全边际水平，一些精明的投资者抓住经济划算的对冲机会，购买"低价保险"，并在熊市的第2阶段、第3阶段，即2007—2008年全球金融危机期间获取大量盈利。

我之所以选择以上案例并不是为了迎合我所推崇的理念，而是为了证明如何通过对当下的保守估计以及安全边际概念在各个市场周期尽可能地实现价值。

注释

本章包含《私募股权》(*Journal of Private Equity*)杂志中的内容,经授权在此引用。我想感谢霍华德·马克斯对我的前几稿提出的问题、评论和建议,我受益匪浅。任何错误或遗漏都与他人无关。

1. Rodney Klein, ed., *Benjamin Graham on Value Investing: Enduring Lessons from the Father of Value Investing* (New York: McGraw-Hill, 2009), 199.

2. Howard Marks, *The Most Important Thing: Uncommon Sense for the Thoughtful Investor* (New York: Columbia, 2011), 20.

3. 与很多投资者不同,专业价值投资者马克斯更关注长期效益。

4. Howard Marks, "Unshackling Bonds," in Benjamin Graham and David Dodd, *Security Analysis*, 6th ed. (New York: McGraw-Hill, 2009), 123–140.

5. 马克斯的演讲时间是2012年4月5日。

6. Walter Kiechel, *The Lords of Strategy: The Secret*

Intellectual History of the New Corporate World (Boston, MA: Harvard Business School Press, 2010).

7. Marks, *The Most Important Thing*, 3. 我将括号里的"投资者"改成了"竞争者"，但在后文中保留了"投资"一词，因为战略从本质上是服务于投资的。更多信息详见Pankaj Ghemawat, *Commitment: The Dynamic of Strategy* (New York: Free Press, 1991).

8. Marks, *The Most Important Thing*, 14.

9. Marks, *The Most Important Thing*, 11.

10. Marks, *The Most Important Thing*, 93–94.

11. Marks, *The Most Important Thing*, 25.

12. Marks, *The Most Important Thing*, 95.

13. Marks, *The Most Important Thing*, 111.

14. Marks, *The Most Important Thing*, 149.

15. Robert S. Kaplan and David P. Norton, *The Strategy-focused Organization: How Balanced Scorecard Companies Thrive in the New Business Environment* (Boston, MA: Harvard Business School Press, 2001), 17.

16. Robert Slater, Jack Welch and the GE Way (New York: McGraw-Hill, 1999), 165.

17. Berkshire Hathaway Annual Report, 1996, http://www.berkshirehathaway.com/1996ar/1996.html.

18. Marks, *The Most Important Thing*, 151. 我将括号里的

"投资者"改为了"竞争者"。

19. Diane Vaughan, *The Challenger Launch Decision: Risky Technology, Culture, and Deviance at NASA* (Chicago, IL: Chicago, 1997 [1996]).

20. Marks, *The Most Important Thing*, 121. 沃伦·巴菲特认为，"出于某些无法解释的原因，（很多）投资者认为今天忽视的事实能够在明天弥补回来"。详见 Robert Hagstrom, *The Warren Buffett Way* (New York: Wiley, 1994), 78.

21. Marks, *The Most Important Thing*, 143.

22. Marks, *The Most Important Thing*, 36, 39, 176.

23. Marks, *The Most Important Thing*, 33. 本杰明·格雷厄姆和戴维·多德认为："为了增加收益而以安全为代价的做法是不可能有利可图的。"详见*Security Analysis*, 6th ed. (New York: McGrawHill, 2009), 161.

24. Benjamin Graham, *The Intelligent Investor*, 4th ed. (New York: Harper & Row, 1973), 281. 本杰明·格雷厄姆早前曾认为，"安全边际能够保障投资盈利可能性比损失可能性大，但并不是说不可能出现损失"。详见Benjamin Graham, *The Intelligent Investor* (New York: Harper & Row, 1949), 245.

25. Marks, *The Most Important Thing*, 26; italics original.

26. Marks, *The Most Important Thing*, 76. 当然，每个阶

段都有不同的行为分支。例如，就第3阶段来说，"牛市上必不可少的现象是市场上出现一些以讲故事的能力为估值基础的股票。对于处在市场上涨后期阶段的投机者们，盈利的实现已经不足以刺激他们的行为，而对未来盈利的预期才能让他们心花怒放"。另详见《格兰特利率观察家》杂志2013年11月15日刊，在同一问题上，格兰特引用了这种说法"当股票推广人想要发行一只新股票时，他除了需要巧舌如簧的话术和足智多谋的会计以外，还必须有一套'故事'——一个直白易懂的概念，最好还能和当前的风口热点联系起来，而且听起来像是能赚大钱一样"，引自约翰·布鲁克斯（John Brooks）的《沸腾的岁月》(*The Go-Go Years: The Drama and Crashing Finale of Wall Street's Bullish 60s*) (New York: Allworth, 1998)。

27. Marks, *The Most Important Thing*, 77. 这一模型也使我的上一本书《应用价值投资》第五章中提到的商业模型的8个阶段看上去更加合理。

28. Marks, *The Most Important Thing*, 77–78.

第 2 部分
实　践

接下来我们从理论转向实践，在此我会列举三个实际案例，解释价值实现的过程。每个案例都反映了价值实现的不同方面，这种实现方式与第1部分介绍环节的方法一脉相承：

第9章将介绍GEICO公司的案例，解释如何通过基于增长的并购实现价值；

第10章将介绍GTI公司的案例，解释如何通过分析结果实现价值，使周转困难的企业渡过难关；

第11章将介绍联合太平洋公司的案例，解释如何在宏观经济困难期间，在没有宏观经济干预的情况下实现价值。

我先来解释一下这些案例选择的标准。首先，这些案例都是历史案例，为的是能够保证我们的分析结果准确无误。我不想冒险选择一个案例而最后被证明论断是错误的。例如，在轰动一时的畅销书《从优秀到卓越》当中，作者选择了房利美的案例，殊不知该公司在此后爆发的金融危机中宣告破产。

其次，这些案例各自解释了价值实现的一个方面，这也是一位企业经理人曾经问过我的一个问题。拿GEICO公司的案例为例，我的第一本书《应用价值投资》中就包含了对GEICO公司并购案的分析，这本书出版之后，很多企业经理人和投资经理人问我类似这样的问题，"好吧，又是GEICO公司的例子。我们怎样才能知道下一个GEICO公司机会何时能来？我们怎么知道管理层是否能够向GEICO公司的管理人员一样，懂得如何实现价值呢？"第9章就为这些问题提供了实际的答案。

对"商业分析法"的论述数不胜数，但没有一个涉及如何利用定量分析结果实现战略目标。而第10章我们就介绍了如何利用较为简单的财务模型，在企业周转过程中实现价值的案例。这一案例的启示不仅限于企业周转时期，抑或是某种财务模型，而是有着更为广泛的利用价值。

第11章解释了在经济困难时期，如何在货币政策等政府救助方式缺失的情况下实现价值。基于以下几点原因，这一案例可以说是本书最有价值的部分。第一，该案例以完整又实际的方式展示了本书中讨论的很多概念。第二，该案例说明，成功的企业管理可以在政府干预缺失的情况下应对严重的宏观经济危机，在当下这个环境中，这是企业经理人必修的一堂课。与很多人一样，我对2007—2008年金融危机之后的政府救济和货币宽松政策感到震惊且反感。第三，这一章也讲述了某些经济和金融史学家笔下较为不堪的历史人物的闪光之处，还原历史的真相。

正如上文所说，这一部分的每个章节颇具实操性，也应从实操性的角度来阅读。换句话说，本书的第1部分可以快速浏览，第2部分则需要花一些时间细细理解其中的道理。案例分析结束之后则是本书的结论部分。

第 9 章

美国政府雇员保险公司的价值实现

当普通股的购入价格低于其净流动资产价值的2/3，就可以算得上是"便宜货"。30多年来，数百起购入案例中，只要遵循这一标准，基本没有一个陷于亏损状态。然而，格雷厄姆–纽曼（Graham–Newman）公司最赚钱的一笔交易却没有满足这一严格要求，这在金融经验中既矛盾又典型。这笔交易购买了GEICO保险公司50%的所有权，而价格只略微低于其资产价值。

——本杰明·格雷厄姆[1]

投资的关键不是评估一个行业能够在多大程度上影响社会，抑或是优势增长速度有多快，最关键的是要考察企业的竞争优势，以及优势能否持续。具有持久优势的产品和服务才能给投资人带来回报。

——沃伦·巴菲特[2]

20世纪60年代和70年代，企业战略常用一种投资组合分析，[3]在分析结果的指导下，一些表现不佳的业务单元可能会被剥离出去。[4]有些时候，对这些业务单元的投资用本杰明·格雷厄姆的话说就是"捡烟蒂"，指的是某些运气不佳的公司"就像燃烧的烟屁股，可以捡起来抽最后一两口烟"，通过减少成本、改善业绩的方法，这种"烟蒂"投资往往会摇身一变，变得有利可图。由于这类投资形式往往带来意想不到的高收益，因而逐渐变得越来越抢手，"烟蒂"投资的机会也开始变得非常稀少。不过我们依旧可以从特许经营权的投资中寻找机会。

特许经营是价值投资学术语，指的是那些掌握持续竞争优势，收益持续走高的企业。投资增长潜力大的特许经营企业往往存在丰厚的安全边际。这类投资形式能否实现价值密切取决于管理的质量。若妥善管理，这类投资可能会有极其丰厚的回报，1995年沃伦·巴菲特对GEICO公司的收购就是一个很好的例子。

本章通过GEICO保险公司的案例，来介绍在特许经营投资中如何识别、评估和追踪价值的实现。这一方法可以广泛应用，涉及多种多样的行为活动和金融、战略及运营等多领域多学科。特许经营（或具有可持续竞争优势的企业经营）将这些概念联系在一起，形成一种统一、实用的方法，可以在各行各业实现价值。在介绍这一方法之前，我们首先简单地回顾一下GEICO公司的发展历史以及巴菲特收购GEICO公司时的背景。

GEICO保险公司

GEICO保险公司成立于1936年，创始人是利奥·古德温（Leo Godwin, Sr.）。根据传闻，"他认为，'为了降低公司成本，如果能直接向精心定位的客户群体推销保险的话，即便保费较低，公司也能获取利润'。他和妻子夫妻俩每天工作12个小时，几年下来基本没从公司拿到多少薪水，一路上筚路蓝缕，构建心中的商业梦想。公司亏损数年之后终于在1940年扭亏为盈。1948年，GEICO公司成功上市……"[5]简单地说，古德温越过传统的保险中介，直接向政府员工出售汽车保险，之后又将客户群扩大到他认为较为"安全"的车主。GEICO公司的运营成本较低，因此能够在目标市场以低成本与竞争对手抗衡。这一战略逐渐迎来了喜人的业绩。到了1975年，该公司成为美国第四大汽车保险公司，市场份额达4%。[6]

然而，到了20世纪70年代中期，由于承保风险较高、保险索赔准备金不足以及投资表现不佳，[7]该公司开始陷入经营困境，濒临破产的边缘。[8]面对重重危机，公司于1976年任命杰克·伯恩（Jack Byrne）为公司首席执行官，伯恩妙手回春，公司转危为安。[9]然而，当他离任首席执行官之后，该公司"在一系列不甚明智的决策指导下，核心业务逐渐偏离，企业增长放缓，到1993年，该公司的市场份额仅为1.9%。之后首席执行官的职位交给了托尼·奈斯利"。[10]两年后，沃伦·巴菲特将该公司私有化退市。

特许经营的准入条件

　　GEICO公司私有化之前，沃伦·巴菲特持续多年关注GEICO公司的动态。1951年，21岁的巴菲特就写了一篇有关GEICO公司的文章，名为"我最喜欢的股票"。[11]多年来，他对GEICO公司的兴趣从未减退，同时也对GEICO公司进行了多次巨额投资：

　　　　伯克希尔公司通过两个阶段完成了对GEICO公司的收购。1976—1980年，我们用4 700万美元购买了公司1/3的股票。[12]多年来，公司多次进行股票回购使我们对公司股票的持有头寸增加到50%，其间我们没有购买任何股票。1996年1月2日，我们用23亿美元的现金购买了GEICO公司剩余的50%股票，这大概是我们先前购买成本的50倍。[13]

　　巴菲特对GEICO公司了如指掌，因而能够找准最好的投资时机。但实际上，很少有收购方能够对收购对象有如此深入的了解，因此他们需要一些筛选方法来对收购对象进行识别和判断。一个筛选方法就是相对盈利和增长模型（RPG），[14]这一模型基于三个价值驱动因子，包括盈利、增长和盈利增长持续的时间。[15]RPG模型认为，一家企业如果

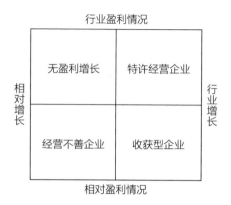

资料来源：Joseph Calandro, Jr., and Scott Lane, "A New Competitive Analysis Tool: The Relative Profitability and Growth Matrix," *Strategy & Leadership* 35, no. 2 (2007): 31.

图9-1　RPG模型

从盈利和增长的角度长时间优于行业对手，就可以被称为特许经营企业。[16]

如图9-1所示，RPG模型认为（右上象限的）特许经营企业指的是在盈利和增长方面都优于行业企业，而收获型企业则指的是在盈利方面优于行业但增长速度较慢的企业，这类企业需要控制再投资的数量，实现盈利最大化。这一模型的其他象限则遵循类似逻辑。尽管它十分简单，或许也正是因为它简单易懂，这一模型在各类行业分析中都证明是十分有效的。我们用净资产收益率（ROE）作为盈利指标，[17]净保费的变动为增长指标，[18]来分析GEICO公司是否是特许经营企业。在巴菲特收购该公司前九年的时间段内，我们把该公司与保险行业用RPG模型进行了对比，如图9-2所示。[19]

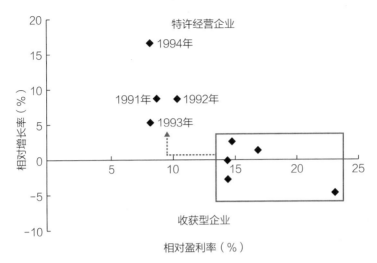

资料来源：GEICO公司 1994 Form 10K, Insurance Services Organization (ISO), and A. M. Best. 报表内计算数据由作者提供，数字已取整。

图9-2　1986—1994年GEICO公司的相对盈利和增长模型

值得注意的是，该表格只涉及模型的右半部分，因为在这段时期内，GEICO公司的盈利情况优于行业，显然符合特许经营企业的定义。此外，GEICO公司的相对业绩也分为两个明显的阶段：

①1986—1991年，如矩形内的5个数据点所示。

②1991—1994年，如剩余4个数据点所示。

因此可以看出，GEICO公司改变了战略方向，用相对盈利的减少换取了更高水平的相对增长，稳固了其特许经营企业的地位。[20]对特许经营企业估值的目的就是验证它是否符合上述准入条件。

特许经营的估值

首先介绍一下背景，现代版的价值投资依据一套独特的四层连续理论进行估值。第1层是净资产价值，净资产价值是通过依据经济一致性逐行分析资产负债表得出的，换句话说，它基于预估的再生产成本而不是历史成本。第2层是指盈利能力价值，它基于过去的盈利水平，在估值过程中假设这种盈利水平会一直保持下去。如果盈利能力价值明显大于净资产价值，那么企业可以认为是特许经营企业，是通过增长而创造价值的唯一一种投资形式，也是价值实现的终极目标。详情如图9-3所示，是我为GEICO公司总结的价值实现情况。

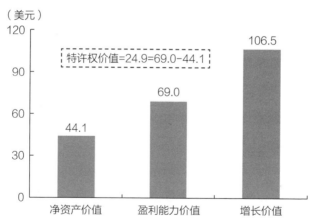

资料来源：Joseph Calandro, Jr., *Applied Value Investing* (New York: McGraw-Hill, 2009), 56.

图9-3　GEICO公司的价值实现

　　图上的所有价值都是基于我个人评估得出的取整后的每股价值。我们可以将此图与布鲁斯·格林沃尔德等人发明的理论价值模型相对比，详见《价值投资：从格雷厄姆到巴菲特的头号投资法则》。现代价值投资方法的一个好处是，所有的投资假设都是在估值中预先提出的，而不是隐藏在模型或预测中。我在我的第一本书中也提出了一个保守推导的、自下而上的评估假设。简单来说，专业价值投资者在做价值假设的时候并不会进行猜测。事实上，专业价值投资者和业余价值投资者的区别就在于他们接近和推导出假设的严格性，换句话说，专业价值投资者更能够充分利用他们所掌握的信息优势。令我不解的是，仍然有很多非专业的价值投资者对此不够理解，所以我写了一篇论文，读者可以免费下载，名为《价值投资的一般原则》(*Value Investing General Principles*)。

　　接下来我们讨论特许权价值评估的第3层，理解驱动GEICO公司每股24.9美元的竞争优势，并分析这一竞争优势是否会持续下去。

　　据"竞争战略之父"迈克尔·波特（Michael Porter）的定义，"竞争优势归根结底来自公司为客户所创造的价值，这种价值超过了企业创造价值的成本"。[21]同时竞争优势也是企业走向特许权价值的推动因素。总的来说，竞争优势分为两种形式：最低成本结构和差异化竞争，这两种优势不仅可以广泛适用于整个行业，同时也适用于某个细分领域。波特总结了三大基本竞争战略，如图9-4所示。

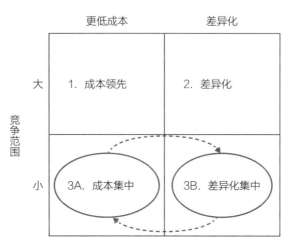

资料来源：Michael Porter, *Competitive Advantage* (New York: Free Press, 1998 [1985]), 12. 图表中的圆圈和箭头是作者添加的。

图9-4　基本战略和GEICO公司的特许权价值

正如前文所说，GEICO公司的竞争优势基于成本集中战略（也就是图9-4的左下象限）。利奥·古德温认为，如果公司能对目标客户进行直销，绕道传统的保险中介，保费会因此降低，加上较低的运营成本，这可以使GEICO公司超越市场上的其他竞争对手。公司一直沿袭这一战略，也创造了大量的收益。作为低成本汽车保险公司，GEICO公司以较低的成本在市场上赢得了"最安全"、平均事故率低、事故严重程度低的车主的青睐。因此，GEICO公司相对较低的运营成本也使公司的亏损成本保持相对较低的水平。这也是沃伦·巴菲特和托尼·奈斯利充分利用杠杆的原因，在接下来的段落中我们会详细说明。

然而，由于糟糕的后备方案和糟糕多样化决策，GEICO公司也出现了两次亏损。就第二次亏损而言，波特认为"成功往往会让人忘记成功的原因，为了增长而对其核心战略进行妥协"。[22]除此之外，随着竞争不断演进，企业的优势也会慢慢减少。例如，一些研究显示，竞争优势往往不会持续到10以上。[23]就GEICO公司而言，这些理念也让巴菲特在1995年开始思考一个重要的战略问题。托尼·奈斯利领导下的公司是否依旧沿袭GEICO公司以成本集中为基础的竞争优势？答案是肯定的，这验证了特许权价值第3个层次的重要性。接下来我们继续分析特许权价值评估的第4个层面：增长。

增长估值

当巴菲特收购GEICO公司之后，他做出了以下论述：

> 当一家公司销售一种具有商品类经济特征的产品时，低成本是非常重要的。而低成本一直是GEICO公司的竞争优势。1951年，当我只有20来岁，还是个学生的时候，我就对GEICO公司的股票产生了浓厚兴趣。而GEICO公司低成本的竞争优势也使公司持续扩大市场份额，同时又兼得巨额的利润。[24]

当代价值投资理论将增长分为两种形式：正常增长和超常增长。正常增长指的是稳定、向上的累计式增长曲线，增长曲线的斜率高于行业增长。1996—2018年GEICO公司的累计式增长就是这类正常增长，如图9-5所示。

通过用增长倍数调整盈利能力价值，我们可以估算正常增长带来的价值。就GEICO公司而言，公司的美股增长价值是106.5美元，见附录C表1。[25]

与正常增长相反的所谓"超常"增长，指的是在一段时期内有相当活跃的增长，而且超常增长之后大多也会进入正常增长阶段。这种情况更适用于风险投资交易。我们在此提到这一增长方式只是出于分析完整性的考虑。

估值结束之后，收购的谈判环节就可以开始了。就GEICO公司的收购案而言，巴菲特最初试图通过每股55美元的优先股互换交易将其私有化（这比现金交易更具税收优势）。当谈判进行了一段时间之后，GEICO公司要求以每股70美元的价格完成收购，现金或股票均可，根据我们的评估，这个要价是较为理性的。当时参与收购谈判的是大名鼎鼎的娄·辛普森（Lou Simpson），他是GEICO公司的联席首席执行官兼首席投资官，也是一位著名的价值投资者。巴菲特同意以这一价格通过现金将GEICO公司私有化，[26]根据我们的评估，这意味着他全额支付了盈利能力价值，并以公司的增长价值看作这一交易的安全边际。[27]那么问题来了，GEICO公司如何实现其增长价值？

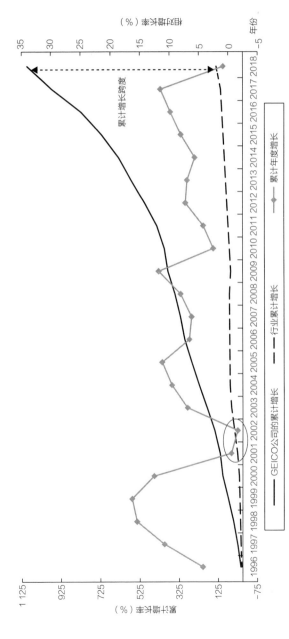

图9-5 GEICO公司1996—2018年的增长概况

数据来源：Berkshire Hathaway Shareholder Letters, Insurance Services Organization (ISO), and A. M. Best. 表内计算由作者提供，数字已取整。画圈的位置和2018年显示GEICO公司增长速度低于行业的增长水平。GEICO公司的累计增长是典型的"正常增长"，有时也称为"控制性增长"。详情可见罗伯特·哈格斯特朗的著作《巴菲特之道》第三版中对GEICO公司的讨论。

价值实现

在企业并购中，一旦交易完成，用于支持交易的估值分析就很少再被提起了。然而，在基于增长的特许经营交易中，估值可以是研究价值实现战略的起点。例如，在GEICO公司并购案中，根据我们的估值，企业的特许权价值基于成本集中战略，这在并购之前就沿用至今。并购之前，GEICO公司的增长主要靠顾客推荐。然而，并购之后，GEICO公司需要采取更为积极的增长战略，以实现基于增长的安全边际所对应的更高价值目标。

战略制定通常从价值链分析开始，包括以线性方式识别和分析关键业务活动。[28]一个基本的保险价值链可以构建如下：营销→承保（风险选择和定价）→再保险（风险转移）→运营（保险处理）→投资→理赔（风险表现）。[29]价值链的每一个环节都可以实现差异化战略，这一点至关重要，因为1995年的GEICO公司主要就是在进行营销差异化战略：

（1）根据GEICO公司最核心的成本集中战略，承保、运营和理赔主要是通过高效、低成本的运营为"安全的"车主提供产品和服务；

（2）再保险不在GEICO公司的价值链当中，因为巴菲特从不对冲或通过分保来降低风险；

（3）投资并不是保险差异化的来源（尽管投资可以促进

盈利能力的实现）。

　　如图9-4中的圆形箭头所示，GEICO公司也采取了差异化的营销战略，这与其核心战略是一脉相承的。众所周知，GEICO公司的差异化营销战略就是通过十分富有创意的广告，以有趣的方式推广其低价的个人汽车保险产品，广告语也很简单：把车险"换成GEICO公司汽车保险，就是省钱"。事后来看，我们知道这一战略是有效的，但怎样才能实时实施和跟踪类似的战略，并实现价值呢？管理矩阵就是个有效的工具。例如，我在图9-6中就利用了这一矩阵。为了简单明了，该矩阵包括3个基本信息：（1）平衡计分卡中的财务、客户、内部运营、学习与成长信息；[30]（2）竞争优势的两种形式：成本和差异化；（3）规模经济。[31]

　　管理矩阵中最上方的几条信息清晰地展示了特许经营企业中几个核心业绩情况，在估值和尽调过程中也应该进行认真核查和证实，矩阵最下方的几条信息同样十分重要，也应该进行认真核查和证实。1996—2009年，在巴菲特写给股东的信中，矩阵中的各个信息项都有直接或非直接的评论，这些信息再加上相应的驱动因子能够清晰地展示GEICO公司的动态发展情况。值得注意的是，这一框架并非详细的绩效积分卡或者战略分析，但却能对管理和价值实现起到总结的作用如图9-6所示。

　　财务：在GEICO公司的战略中，与客户有关的成本因子是损失赔付和理赔费用（营运成本会在之后的"内部运

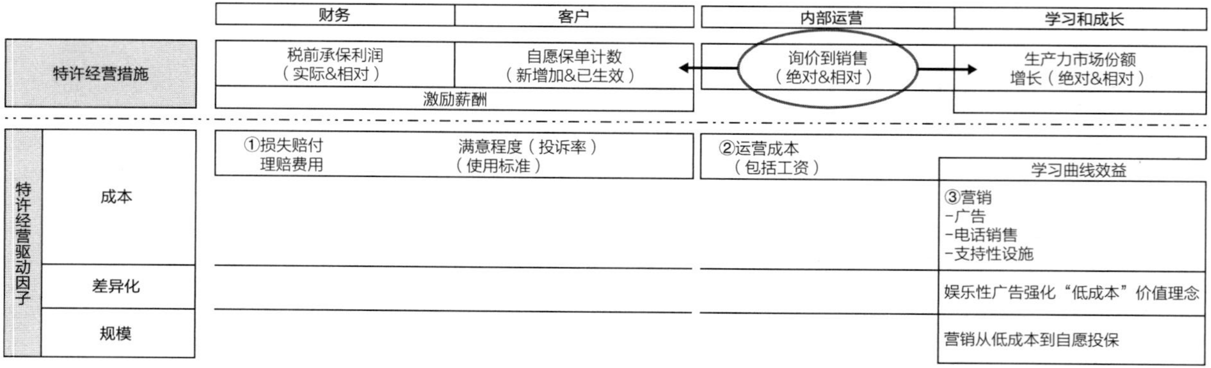
财务
客户
内部运营
学习和成长
特许经营措施
税前承保利润
（实际&相对）
自愿保单计数
（新增加&已生效）
询价到销售
（绝对&相对）
生产力市场份额
增长（绝对&相对）
激励薪酬
特许经营驱动因子
成本
差异化
规模
①损失赔付
理赔费用
满意程度（投诉率）
（使用标准）
②运营成本
（包括工资）
学习曲线效益
③营销
-广告
-电话销售
-支持性设施
娱乐性广告强化“低成本”价值理念
营销从低成本到自愿投保

注：这一管理矩阵被分为两部分，因为“财务”和“客户”这两个战略成本驱动因子存在内在联系，而“内部运营”和“学习成长”因子也是密切相关的。

图9-6　GEICO公司的管理矩阵

营"和"学习和成长"部分中具体分析）。

由于GEICO公司的客户往往比其他车主更注重安全，所以平均情况下，他们申请的理赔更少，理赔严重程度也较低，所以保费大部分可以变成高于保险行业平均水平的税前承保利润。保险公司收益主要有三大核心部分：投资收入和资本盈利（或损失），承保利润（或损失）以及再保险支出或收益。[32] 上文我们说过，投资并不是保险业差异化发展的来源，而且巴菲特也不使用再保险来对冲风险。所以承保利润则是GEICO公司战略中最重要的收益来源。此外，自从私有化之后，GEICO公司的税前承保利润整体大大高于保险行业（见表9-1）。

表9-1　1996—2018年GEICO公司的税前承保利润

承保收入（以百万美元计价）		
年度	GEICO公司税前承保收入	保险业税前承保收入
1996	180	−14 448
1997	281	−1 644
1998	269	−11 411
1999	24	−18 665
2000	−224	−26 480
2001	221	−49 751
2002	416	−27 767
2003	452	−3 062

续表

承保收入（以百万美元计价）		
年度	GEICO公司税前承保收入	保险业税前承保收入
2004	970	5 701
2005	1 221	-3 638
2006	1 314	31 115
2007	1 113	19 304
2008	916	-21 173
2009	649	-2 981
2010	1 117	-10 514
2011	576	-36 229
2012	680	-15 366
2013	1 127	15 247
2014	1 159	12 212
2015	460	8 949
2016	462	-4 708
2017	-310	-23 218
2018	2 449	-108
总计	13 072	178 646

注：即便出现了亏损，若亏损低于市场汇率的话，保险公司依旧是有获利空间的（详见约瑟夫·卡兰德罗和斯科特·雷恩的论文《保险公司的业绩评估：把价值带到保险行业》，发表于《应用企业金融杂志》，2002年第四期，94—99页。）保险公司破产的有关信息，详见贝氏评级发布的特别报道：兼职评估。

数据来源：Berkshire Hathaway Shareholder Letters, ISO, and A. M. Best. 表内计算由作者提供，数字已取整。

　　客户：GEICO公司的客户群管理方式是，首先抓住已经投保的相对"安全"的车主，然后再吸引其他车主。这里主要计算公司承保的自愿保单数量（非自愿保单是指监管机构强制GEICO公司为"指定风险池"中相对不安全的驾驶员承保的保单）。自愿保单数量的增长主要取决于客户对GEICO公司服务的满意程度，也就是当客户申请理赔之后，GEICO公司按照保单要求所提供的赔偿是否令客户满意。如果客户对理赔不满意，GEICO公司可能会付出额外的监管或法律成本，也可能会影响到公司未来的业务。因此，巴菲特一直紧密跟踪公司的投诉率，[33]这也是战略学家所说的"使用价值"。[34]

　　GEICO公司的奖金制度是基于以上两个数据：承保利润和自愿保单数量，巴菲特这样解释道：

　　　　GEICO公司首席执行官托尼·奈斯利等高管的奖金主要是由两个变量所决定的：自愿汽车保单数量的增长和汽车保险业务在一段时间内的承保利润（仅包括记录在案超过一年的保单所产生的利润）。此外，我们也用类似的标准来计算公司的年度利润分成计划。GEICO公司的所有员工都知道该朝着哪个方向努力。[35]

　　将奖金制度与公司目标挂钩有利于企业价值的实现，同时也保证公司的目标、根据目标制定的战略、跟踪目标实现的方法和奖金制度总体上不变。巴菲特深谙其中的道理。他认为"我们从不因为工作业绩出色而提高目标。如果GEICO公司的业绩继续改善，我们将很高兴给员工发放更多的绩效奖金"。[36]这一管理模式尽管符合逻辑，也有利于长期的价值实现，但与当今紧绷的管理模式格格不入。

　　内部运营：衡量GEICO公司运营情况的一个指标就是保险询价与实际签单的比率。如上图9-6所示，在这一部分中，我们用箭头指向了"客户"和"学习和增长"，它对这两部分的影响之大可见一斑。内部运营这部分受成本影响很大，因为它需要投入大量人力资源和营销手段。然而，这些成本结构也可以迅速抵消掉，因为GEICO公司正是以低成本结构著称，低成本结构也是GEICO公司竞争优势的基础，可持续发展的推动力。

　　学习和增长：生产力不断发展对企业带来的好处是不言而喻的："在一定的投入（资本、劳动力和原材料）或较少的投入下，企业产出的越多，就越有竞争优势。"[37]换句话说，随着员工效率的提高，运营成本也会随之下降。学习曲线将这一概念形式化，根据数据研究发现，"每当累计产出翻一番，累计平均单位劳动力投入就会降低10%~40%"。[38]尽管我并不了解GEICO公司采取了何种学习战略，毋庸置疑的是，GEICO公司逐渐产生了学习曲线效应。根据记录，"2003年年底到2006年年底，GEICO公司的保单数量从570万增加到了810万，增长率达42%。然而，在这期间，公司的员工（按全职员工计算）数量减少了3.5%。这样一来，公司的生产率提高了47%。而GEICO公司规模并没有扩大"。[39]巴菲特称，到2008年，公司的生产率一直都在提高：

> 没有人愿意买汽车保险，但人人都喜欢开车。所以，车主们往往愿意以低成本寻求高质量的保险服务，这也是人之常情。效率是降低成本的关键，而托尼·奈斯利最在行的就是效率。5年前，每位员工卖出的保单数量平均为299。2008年，这个数字提高到了439，生产率有了质的飞跃。[40]

再来谈一下增长，前文中图9-5展示了GEICO公司的累计增长和相对增长曲线。除了产生率增长指标，另一个战略增长的衡量标准是市场份额，每当巴菲特汇报GEICO公司业绩时，他都会讲一讲公司所占的市场份额：1995年，GEICO公司私有化之后，市场份额为2.5%。到了2012年，市场份额增长到了9.7%，也就是说GEICO公司的市场份额以平均每年7.8%的复利增长。[41]市场份额增长的一个战略推手就是广告，广告将GEICO公司的价值理念宣传得淋漓尽致，也将GEICO公司与其竞争对手区分开来。

　　GEICO公司举世瞩目的增长背后，显然离不开投入成本。2007年，巴菲特称GEICO公司的广告预算从1995年的3 100万美元增长到了7.51亿美元。[42]然而，广告成本与经济规模息息相关（单位销量增长，单位成本也会随之增加），而广告又是GEICO公司战略发展中必不可少的一环。

　　总之，值得注意的是，管理矩阵背后的活动（就GEICO公司案例讲，就是低成本保险产品和创新性的广告）会相互影响，因此需要系统、有效、持续地进行管理。由于特许经营企业的盈利和增长往往会受到竞争对手的密切关注，因此企业需要不断地改善管理，保持竞争优势。

竞争和结论

　　1995年，GEICO公司是美国第6大个人汽车保险公司。2009年，GEICO公司攀升到全美第3大汽车保险公司的位置，[43]仅次于州立农业保险公司和好事达保险公司。到了2018年中期，GEICO公司超过好事达保险，跃居全美第2大保险公司。州立农业保险公司和好事达保险都试图从某种程度上抄袭GEICO公司的营销战略，这一点不足为怪。然而，提到GEICO公司的竞争对手，第一个想到的往往是前进保险公司，因为该公司也采取了GEICO公司类似的成本集中战略。图9-7介绍了两家公司的累计增长曲线。

　　通过对比，两家保险公司的累计增长曲线基本都在同

一水平线上。不过GEICO公司的增长曲线更加平稳,除了
2000年和2017年,GEICO公司都处于盈利状态(见表9-1)。
因此,并购25年之后,GEICO公司的特许经营地位依旧屹
立不倒。GEICO公司不断创新的战略顺理成章地成就了它
的特许经营价值,这一战略的实现与管理层坚定不移且纪律
严明的长期执行是分不开的。

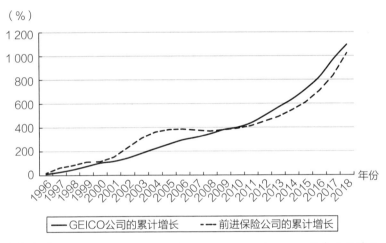

数据来源:Berkshire Hathaway and Progressive annual reports. 报表内计算数
据由作者提供,数字已取整。

图9-7 1996—2018年GEICO保险公司和前进保险公司的累计
增长曲线

本质上讲,像GEICO保险公司这样的特许经营企业寥
寥无几。然而,如果有人通过RPG模型(如图9-2所示)发
现了一家这样的公司,并且能以合理的安全边际将之私有

化，这一定是个有利可图的投资机会（如图9-3所示）。过去，在此类投资机会面前，价值的实现往往并非易事。不过像管理矩阵（如图9-6所示）这样的模型可能会助你一臂之力。在企业经理人的妥善管理下，像沃伦·巴菲特和托尼·奈斯利在GEICO公司的案例中所做的那样，特许经营企业持续增长、创造巨大价值的案例也并非遥不可及（参见图9-4和表9-1）。

注释

本章包含《私募股权》杂志中的内容，经授权在此引用。我想感谢詹姆斯·施拉格对我的前几稿提出的问题、评论和建议，我受益匪浅。任何错误或遗漏都与他人无关。

1. Benjamin Graham, *The Memoirs of the Dean of Wall Street* (New York: McGraw−Hill, 1996), 332.

2. Warren Buffett and Carol Loomis, "Mr. Buffett on the Stock Market," *Fortune*, November 22, 1999.

3. Bruce Henderson, *Henderson on Corporate Strategy* (Cambridge, MA: Abt Books, 1979).

4. "20世纪70年代，在经历了一系列的收购、所有权剥离和管理人员更换之后，企业收益增长不尽如人意，这一情况从70年代末持续到了80年代。"详见《组织协同》(*Alignment: Using the Balanced Scorecard to Create Corporate Synergies*)(Boston, MA: Harvard Business School Press, 2006)，作者：罗伯特·卡普兰(Robert S. Kaplan)和戴维·诺顿(Daivd P. Norton)。

5. 详见：维基百科 http://en.wikipedia.org/wiki/Leo_Goodwin,_Sr.

6. Berkshire Hathaway Annual Report, 2004, http://www.berkshirehathaway.com/letters/2004ltr.pdf.

7. Joseph Calandro, Jr., and Thomas O'Brien, "A User-Friendly Introduction to Property-Casualty Claim Reserves," *Risk Management and Insurance Review* 7, no. 2 (2004): 177–187 for information on insurance reserving.

8. 感谢鲍勃·格拉斯皮盖尔（Bob Glasspiegel）引发我对这一点的注意。有趣的是，GEICO公司与承保有关的问题可能会因通货膨胀而恶化（如汽油成本上涨）。

9. 杰克·伯恩于2013年3月7日去世。详见2013年3月12日《纽约时报》的相关报道。

10. 详见2004年伯克希尔-哈撒韦公司年报。这并不是说杰克·伯恩的做法没有得到满意的效果。例如，他推动GEICO公司的业务多元化，引进了再保险业务。

11. 详见 http://www.designs.valueinvestorinsight.com/bonus/bonuscontent/docs/The_Security_I_Like_Best_Buffett_1951.pdf.

12. "GEICO曾是第二次世界大战以来最优质的绩优股，但如今却深陷丑闻和亏损，股价也是一路狂跌。从1974年的每股42美元的高点，一直降到了1976年的每股4.875美元，直到巴菲特和杰克·伯恩开始了11小时的解救计划，但仍然没有阻止股价腰斩。在美国庆祝建国200周年之际，巴菲特以每股2.125美元的价格购入50万股。"引用自James Grant, *Mr. Market Miscalculates: The Bubble Years and Beyond*(Mt. Jackson, VA: Axios, 2008), 387.

13. Berkshire Hathaway Annual Report, 2009; http://www.berkshirehathaway.com/letters/2009ltr.pdf.

14. Joseph Calandro, Jr. and Scott Lane, "A New Competitive Analysis Tool: The Relative Profitability and Growth Matrix," *Strategy & Leadership* 35, no. 2 (2007): 30–38.

15. William E. Fruhan, Jr., *Financial Strategy: Studies in the Creation, Transfer, and Destruction of Shareholder Value* (Homewood, IL: Irwin, 1979).

16. "优秀公司的收益增长速度高于业界水平……公司增长速度低于业界水平被认为是不尽如人意的表现，也是企业管理能力不足的一个迹象。"摘自《证券分析》第4版。

17. 我们使用净资产收益率和保费（销售）增长作为两种常见的手段来计算。实际上，任何盈利和增长方法都可以用来构建RPG模型，但是值得注意的一点是，这一模型的目的是寻找机会。显然，投资决定不应仅依赖于模型分析。更多信息见Alex

Lowy and Phil Hood, The Power of the 2x2 Matrix (San Francisco, CA: Jossey-Bass, 2004).

18. 保费收入指的是计入在案的过去一年的保险费用收入。例如，1月1日卖出的一份保险收入会在年底才会计入当年的保费收入当中。净保费指的是保费总额减去分出的再保险的保费。

19. 我们把GEICO公司的净资产收益与保险行业的整体盈余收益对比。这里的保险业的"盈余"和股票投资中的股东股权类似。一般来说，盈余的计算方式比股权更保守，但是由于保险行业中包含多个上市公司、私有公司，也包括共有组织，所以把盈余与长期股权做相对等价也是有一定道理的。即便如此，最终还是分析师来决定用哪种指标做比较合适。在这个案例中，根据作者的计算，将GEICO公司的盈余收益与行业平均值做对比得出了更高的相对盈利水平，因此我们在这里用了更保守的方法来计算。

20. 这是基于我个人的猜测，因为我没法得到GEICO公司内部机密的材料。但如果我的猜测是正确的，这一策略绝对是明智的。在《竞争优势》一书中，迈克尔·波特认为："如果行业领先者的利润极高的话，这就会形成一种保护伞，使竞争对手无法对其产生有效的冲击力。"

21. Porter, *Competitive Advantage*, 3.

22. Porter, *Competitive Advantage*, 17.

23. Krishna Palepu, Paul Healy, and Victor Bernard, chapter
    10 in *Business Analysis & Valuation: Using Financial
    Statements*, 2nd ed. (Cincinnati, OH: South-Western
    Publishing, 2000), and Pankaj Ghemawat, *Sustaining
    Superior Performance: Commitments and Capabilities*,
    HBS Case Services #9-798-008, July 31, 1997. 本杰
    明·格雷厄姆认为业绩增长和下降一般都是暂时性
    的。在《证券分析》一书中，作者写道："现在已然
    腐朽者，将来可能重放异彩；现在倍受青睐，将来
    却可能日渐衰落。"不过在塞斯·卡拉曼认为，格
    列厄姆和多德并没有指出"什么时候业绩会下降，
    什么时候又会增长"。摘自Seth A. Klarman, "Why
    Value Investors Are Different," *Barron's*, February 15,
    1999, 39.

24. 详见2000年伯克希尔-哈撒韦公司年报。

25. 这里增长价值对应的具体计算是：3 588 388美元=
    ［（盈利257 465美元÷净资产价值1 486 858美元）÷
    必要收益率11.2%］×盈利能力价值2 323 684美元，
    然后除以股数得到图中所示的值，106.5美元。详见
    Calandro, *Applied Value Investing* (New York: McGraw-
    Hill), 56.

26. Stan Hinden, "The GEICO Deal: How Billionaire

Buffett Bid at $70," *The Washington Post*, November 6, 1995.

27. Bruce Greenwald, et al., *Value Investing—From Graham to Buffett & Beyond* (New York: Wiley, 2001), 133—137. 用本杰明·格雷厄姆和戴维·多德所著的《证券分析》第3版中的话讲，"显然，如果收购方的收购成本极低，这肯定是一次合理的投资。"

28. Porter, *Competitive Advantage*.

29. 当然我们也可以选用更加严密的保险价值链进行分析，不过这里所选用的分析流程也足够支撑我们的分析了。

30. Robert S. Kaplan and David P. Norton, *The Balanced Scorecard* (Boston, MA: Harvard Business School Press, 1996).Andy Neely, et al., *The Performance Prism: The Scorecard for Measuring and Managing Business Success* (London: FT Prentice Hall, 2002).

31. Joe S. Bain, *Barriers to New Competition: Their Character and Consequences in Manufacturing Industries* (Cambridge, MA: Harvard, 1956).

32. Joseph Calandro, Jr., and Scott Lane, "The Insurance Performance Measure: Bringing Value to the Insurance Industry," *Journal of Applied Corporate Finance* 14, no. 4 (2002): 94–99.

33. 详见1999年伯克希尔-哈撒韦公司年报。

34. Porter, *Competitive Advantage*.

35. 详见1996年伯克希尔-哈撒韦公司年报。

36. 详见1996年伯克希尔-哈撒韦公司年报。

37. W. Bruce Chew, "No–Nonsense Guide to Measuring Productivity," *Harvard Business Review*, January–February 1988: 3–9.

38. 详见http://www.answers.com/topic/experience-curve-effects.

此外可参考《英特尔的发展和学习曲线》，收录于斯坦福学习案例#S–OIT–27（1999年6月）。

39. 详见2006年伯克希尔-哈撒韦公司年报。

40. 详见2008年伯克希尔-哈撒韦公司年报。

41. 摘自伯克希尔-哈撒韦公司年报。计算部分由我提供，数字已取整。

42. 详见2007年伯克希尔-哈撒韦公司年报。

43. 详见2009年伯克希尔-哈撒韦公司年报。

这一变化也就证明了GEICO成长战略的成功性。如布鲁斯·亨德森所言，"有效的战略，其实就是能够打破竞争平衡并在更有利的基础上再次建立平衡"。详见*Henderson on Corporate Strategy*, 3.

第 10 章

电子元件制造公司 GTI 公司的价值实现

如果价格变动主要反映企业当前发展情况而不是未来前景……那么对企业内在潜力的准确判断会带来超乎寻常的利润。换句话说，好的投资机会往往出现在市场行动之前。如果投资者对未来增长有信心的话，也可以在当前不那么有利的条件下购买，进而在增长中获得全部收益——如果它能实现。

——本杰明·格雷厄姆[1]

第二层次的思维者知道，为了取得超额回报，他们必须具备信息优势或者分析优势或者两者兼具。

——霍华德·马克斯[2]

作为本书的一个核心要义，我想要着重介绍信息和分析优势的重要性。一些企业经理人对此了然于胸，但其他企业经理人却并不了解这两者的重要性，甚至选择忽略，尽管这个道理听起来很简单，但实际做起来并非易事。拥有"优势"本质上意味着做一些不同的事情[3]，但真正做到不同的企业和投资经理人寥寥无几。[4]

大部分企业和投资经理人的行事方法千篇一律，因为他们认为随大流是安全的。不过，有些情况下，差异化才是成功之道。本章，我们将讲述一家公司在遭遇严重的经营困难之后，新执行经理如何通过一套财务困境分析模型来改变管理策略，扭转困局，实现企业价值。

"分析"的重要性不言而喻，此前已有很多文章、论著对此进行过深入的探讨，但却不曾见有任何论著提到过如何利用分析结果指导实践，因而对分析结果的误用或者滥用也就不足为怪了。[5]罗杰·洛温斯坦在他的《拯救华尔街》一书里，就描述了美国长期资本管理公司对冲基金的失败案例。美国长期资本管理公司对冲基金由当时行业内领先的债券交易员和数位金融学教授管理，其中两位教授还曾获得过诺贝尔经济学奖。然而，即使有这样声名显赫的"梦幻组合"，美国长期资本管理公司仍然声名狼藉的失败了。洛温斯坦在书中写道：

> 教授们自负地认为他们构建的模型足以预测市场行为能达到的极限。事实上，模型最多能做到的是告诉他们基于过去的数据什么是合理的，什么是可预测的。他们忽略了包括交易员在内的任何人都无法始终保持理性这一因素，这是美国长期资本管理公司

覆灭背后的真正教训。无论模型的结果如何，交易员都不是芯片控制的机器，他们容易受到随机因素的影响，也大多习惯盲目模仿同行的做法，他们遇到机会会蜂拥而上，遇到风险也会一哄而散。[6]

这个例子不是说模型结果百无一用，其实，某些模型在妥善应用下能发挥极大的作用。例如，罗伯特·卡顿（Robert Carton）教授和查尔斯·霍弗（Charles Hofer）教授对一系列经营指标和相关模型的检验发现，阿特曼破产预测模型（也被称作Z值模型）的预测表现最佳。[7, 8]在解释Z值模型如何成功地应用到GTI公司历史转型中之前，我先来对这一模型做个简要的介绍。

Z值模型

爱德华·阿特曼教授在1968年提出了Z值模型。[9]他应用了一种被称作判别分析的统计学方法来设计了财务危机预测模型，并产生了诸多深刻的思考。[10]

与其他许多金融学模型不同，阿特曼教授在构建模型中使用了基础的财务比率作为代入变量，由此产生的模型也自然更贴近实际应用。对于上市公司来说，Z值模型基本表达式为：

$$Z=1.2X_1+1.4X_2+3.3X_3+0.6X_4+1.0X_5 \qquad (1)$$

其中,

> Z=Z值
>
> X_1=营运资本/总资产
>
> X_2=留存收益/总资产
>
> X_3=息税前收益/总资产
>
> X_4=股权市场价值/总负债的账面价值
>
> X_5=销售额/总资产

评判Z值的标准如下：

安全区=$Z>2.99$，公司基本没有财务危机的风险。

危机区=$Z<1.81$，公司很可能破产。

灰色区=$1.81 \leqslant Z \leqslant 2.99$，公司有一定财务危机风险。

对于私有公司，Z值模型可以调整为如下形式：

$$Z=6.56X_1+3.26X_2+6.72X_3+1.05X_4 \qquad (2)$$

其中,

> X_1=营运资本/总资产
>
> X_2=留存收益/总资产
>
> X_3=息税前收益/总资产
>
> X_4=资本净值/总负债

评判Z值的标准如下：

安全区=Z＞2.60，公司基本没有财务危机的风险。

危机区=Z＜1.10，公司很可能破产。

灰色区=1.10≤Z≤2.60，公司有一定财务危机风险。

Z值模型已经在多个领域中都有广泛应用，包括信用风险分析、不良资产投资、[11]并购目标分析、商业保险承保等。然而，尽管模型在公式（1）中X_4项将股权的市场价值作为分子，但是，Z值一般不会被用于价值实现管理或绩效管理策略分析。此外，在有重大影响的平衡计分卡体系中，[12]绩效管理方面的学者罗伯特·卡普兰和戴维·诺顿把"存活"作为首要的财务目标，而这一体系也是由Z值模型来量化评判的。从本章的主题来讲，更重要的是Z值可以量化商誉水平，已故的价值投资者马丁·惠特曼认为，商誉比公司股权市场价值更有战略价值。这是因为，相比于其他条件，优越的财务状况可以为管理层提供选择机会，而处于财务困境时，管理层只能被迫出售或战略撤回资产。Z值能综合影响这些因素，因而更有战略意义。

Z值模型在创立之初就被用于衡量企业的商誉，尽管如此，卡顿和霍弗教授是少有的在绩效管理领域中应用Z值的先行者，而且据我所知，他们首先对此做出了统计学检验。[13]在这些作者研究的基础上，我对Z值模型在公司管理中的应用做了深入研究，并从下面这个案例来概括说明公司管理层应该如何应用分析模型来实现企业价值。

GTI公司

在1960—1970年，GTI公司是一家主营电子元件生产的公司。[14]在60年代初期，GTI公司实施了雄心勃勃的增长战略，通过债务大量融资，这在当时是一种相对常见的策略（现在的大多数企业也是如此）。然而，随着1969—1972年美国经济增长放缓，像GTI公司这样杠杆较高的公司在债务偿还上遇到了困难（请注意高杠杆公司在大约2018年年中的境况）。

1975年5月，GTI公司的财务危机达到了相当严峻的程度：有人无意中把错误的财务信息汇报给了美国证券交易所。被发现之后，GTI公司的总裁引咎辞职，这促使董事会任命董事会成员詹姆斯·拉夫勒担任董事长和首席执行官，拉夫勒肩负起了解决财务问题、扭转业绩、实现公司股权价值的重任。

在拉夫勒被任命前，他在他自己的公司担任首席执行官，并兼任公司董事会审计委员会成员。基于他过往的工作背景，拉夫勒可以很好地通过"数字"也就是说从"基本面"上来管理GTI公司。这种管理方式有时可以通过分析模型来实现，这些模型既可以评估潜在计划对公司财务的影响，也能持续追踪新方案的业绩表现。在复盘GTI公司业绩表现时，拉夫勒回想起一篇关于Z值模型的文章，而且决定将其运用到企业管理当中。把GTI公司在1972—1975年的财务数据代入Z值模型得出如图10-1所示的结果。

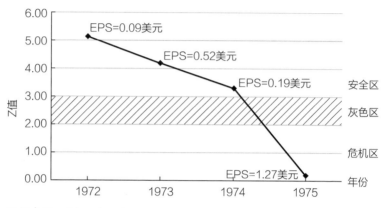

数据来源：Edward I. Altman.

图10-1　GTI公司的Z值图：1972年至1975年

　　如图10-1所示，1974—1975年，GTI公司的Z值从安全区骤跌至危机区。这让拉夫勒非常不安，因为他了解到，"基于破产前大约一年的数据"算出的Z值，其预测破产的准确率高达95%。[15]有趣的是，在图中也能看到，即使GTI公司的Z值在1972年到1973年间下跌，公司的每股收益（EPS）在同期却从0.09美元大幅提升至0.52美元。然而在1974年，GTI公司的Z值和每股收益双双下跌，但即使从1974年0.19美元的水平来讲，这时的每股收益也明显高于1972年。这显示，随着时间的推移，Z值的变化比每股收益能更好地反映GTI公司的财务状况。卡顿和霍弗的研究中没有囊括每股收益水平，但他们都考虑了经营现金流和现金流随着时间的流逝所发生的变化，这两个指标对于公司破产预测的显著性都不如Z值。[16]

通过观察Z值各因子随时间的变化，可以分析出Z值正向或负向变化的主要原因。如图10-2所示，我们可以看到GTI公司Z值的各项因子在1972—1975年的变化情况。从图中Z值的变化也可以看出公司业绩的情况。不仅如此，拉夫勒还决定在Z值分析上更进一步。具体地说，他计划对Z值模型反向分析，用于筛选出对GTI公司业绩可能带来提升的战略方案。[17]

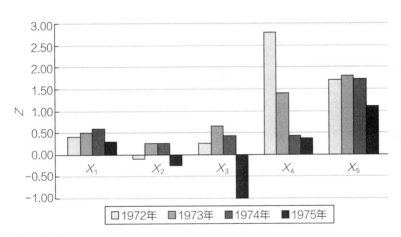

数据来源：Edward I. Altman.

图10-2　1972—1975年GTI公司的Z值比率分析

拉夫勒计划把Z值模型作为战略评估和业绩管理工具来实现GTI公司价值。他是这样操作的：先看公式（1）中的X_1项，也就是营运资本总额占资产总额的比例。在分析营运资本时，拉夫勒发现GTI公司的库存管理流程不甚理想，因此，他指导公司设计了对库存管理的改良方案，并继续用Z值模型来追踪改良后的业绩表现。

此外，为了提升营运收益，进而提升公式（1）中X_3项的分子，拉夫勒削减了员工规模，并向员工征求意见和建议，共同制定了解决公司业绩问题的措施。他把员工带入行动方案的制订过程中，使方案在早期就得到认可，提高方案执行的成功率，可谓是一项十分明智的管理决策。

这些做法对GTI公司的业绩改善发挥了巨大作用，我们从Z值的变化中可见端倪。然而，考虑到GTI公司的问题相当严峻，这些问题主要是由公司不当的增长策略、融资策略产生的，拉夫勒不得不考虑选择剥离资产。除此之外，由于公式（1）中5个因子中的4个都把资产总额作为分母，剥离不良资产能在真正意义上大幅提升公司Z值。基于这个战略方向，再辅以后续分析，拉夫勒认定GTI公司的晶基（Grystal Base）业务部门不仅是资本密集型，而且也面临竞争压力的风险。这两方面因素相当有说服力，晶基业务被定为剥离资产的候选之一。除此之外，晶基业务的石英晶体产品线也并不是GTI公司电子元件业务的核心。因此，在1976年年底，GTI公司以134.8万美元的价格出售了晶基业务，所得现金被用于偿还债务。[18]

拉夫勒主导的多项以Z值为基础的业绩提升方案效果明显，给人留下深刻印象。如图10-3所示，GTI公司的Z值从1975的0.38飙升到1976年的2.95，从危机区提升到灰色区和安全区边界。[19]之后，GTI公司的Z值在此位置保持了两年左右，直到1979年，Z值骤然提升4个点到7.0，远高于安全区下限。我们可以从图10-3清晰地看到这一显著的提升，这次提升同样基于Z值分析指导下的一次资产剥离。

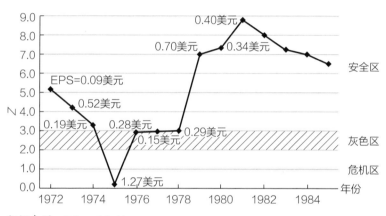

数据来源：Edward I. Altman.

图10-3　1972—1984年GTI公司的Z值

在拉夫勒的带领下，公司Z值有了很大的回升，公司价值实现同样令人印象深刻。GTI公司的股票市值由1975年的100万美元低点增长到了1980年的1 500万美元高点，以复利计算增长率高达57%。[20]这些成果与卡顿和霍弗的研究结论一致，证明Z值的变化能为业绩管理和价值实现带来重要的信号。

结论

詹姆斯·拉夫勒的经营能力、投资能力和财务规划能力过人，他懂得在何时裁减员工，如何征求员工意见，在合适时机剥离企业非核心业务以偿还债务，避免了财务困境。马丁·惠特曼认为这三种能力是现代证券分析和企业管理中必不可少的（第7章对此有所论述）。下一章我们将继续围绕这一主题，介绍另外一个重要案例。

注释

本章包含《战略与领导力》杂志中的内容，经授权在此引用。我想感谢爱德华·阿特曼对我的前几稿提出的问题、评论和建议，我受益匪浅。任何错误或遗漏都与他人无关。

1. Rodney Klein, ed., *Benjamin Graham on Investing: Enduring Lessons from the Father of Value Investing* (New York: McGraw-Hill, 2009), 390.

2. Howard Marks, *The Most Important Thing: Uncommon Sense for the Thoughtful Investor* (New York: Columbia University Press, 2011), 11.

3. Joseph Calandro, Jr., Value Investing General Principles, September 21, 2016.

4. Johnny Hopkins, "Seth A. Klarman: Successful Value Investing Requires a Multi-Strategy Approach," *The Acquirer's Multiple*, May 7, 2018.

5. Nicholas Dunbar, *The Devil's Derivatives: The Untold Story of the Slick Traders and Hapless Regulators Who*

Almost Blew Up Wall Street…and Are Ready to Do It Again (Boston, MA: Harvard Business School Press, 2011), 173, 264n19.

6. Roger Lowenstein, *When Genius Failed: The Rise and Fall of Long Term Capital Management* (New York: Random House, 2000), 234–235. See also Nassim Nicholas Taleb, *Fooled by Randomness: The Hidden Role of Chance in Life and in the Markets*, 2nd ed. (New York: Random House, 2005 [2004]), 241–244.

7. Robert Carton and Charles Hofer, *Measuring Organizational Performance: Metrics for Entrepreneurship and Strategic Management Research* (Northampton, MA: Edward Elgar, 2006). 从统计学角度上讲，1999—2002年三年的最高价和最低价样本共120个，阿特曼的Z值可以解释其中59%（调整后R方）的波动性，这比研究中的其他指标都更有效，而且也有很高的统计显著性（P值低于0.01）。直白地说，对于研究中提到的公司或类似的公司，Z值的变化能提供大量有关市场指数调整的信息。需要注意这些公司里不包括金融服务机构。

8. Michael Lewis, *Moneyball: The Art of Winning an Unfair Game* (New York: Norton, 2003); Tom Verducci, *The Cubs Way: The Zen of Building the Best Team in*

Baseball and Breaking the Curse (New York: Crown, 2017); and Ben Reiter, *Astroball: The New Way to Win It All* (New York: Crown, 2018).

9. Edward I. Altman, "Financial Ratios, Discriminate Analysis and the Prediction of Corporate Bankruptcy," *Journal of Finance* (September 1968): 589–609.

10. Edward I. Altman and Edith Hotchkiss, *Corporate Financial Distress and Bankruptcy: Predict and Avoid Bankruptcy, Analyze and Invest in Distressed Debt*, 3rd ed. (Hoboken, NJ: Wiley, 2006).

11. Edward I. Altman, ed., *Bankruptcy & Distressed Restructurings: Analytical Issues and Investment Opportunities* (Washington, DC: Beard, 1999). 更多有关困境投资的信息请参阅《困境投资：原则和技巧》（ Hoboken, NJ: Wiley, 2009 ），作者：马丁·惠特曼和费尔南多·迪兹。

12. Robert S. Kaplan and David P. Norton, "The Balanced Scorecard," *Harvard Business Review*, January–February 1992: 76.

13. Carton and Hofer, *Measuring Organizational Performance*, 78–79, 94.

14. Edward I. Altman and James La Fleur, "Managing a Return to Financial Health," *Journal of Business*

Strategy, Summer 1981: 31–38, and Michael Ball, "Z Factor: Rescue by the Numbers," Inc. Magazine, December 1980: 45–48.

15. Altman and La Fleur, "Managing a Return to Financial Health," 32. 截至2018年年中，准确率在80%~90%。

16. 详见《衡量组织绩效》(Measuring Organizational Performance)(Northampton, MA: Edward Elgar, 2006)，作者罗伯特·卡顿和查尔斯·霍弗。1999—2002年三年的120个最高价和最低价样本中，营运现金流的增长率只能解释其中2%（调整后R方）的波动性，这远低于Z值所能解释的波动性，而且统计学显著性也更差（P值低于0.1）。

17. Ball, "Z Factor," 46.

18. Altman and La Fleur, "Managing a Return to Financial Health," 36.

19. Altman and La Fleur, "Managing a Return to Financial Health," 34.

20. Altman and La Fleur, "Managing a Return to Financial Health," 37; 计算由作者本人提供，数字已取整。

第11章

联合太平洋公司的价值实现

在对过往的教训做出起码的分析和理解前，我们不能否定它们的价值。

——本杰明·格雷厄姆[1]

在1879—1881年，杰伊·古尔德以惊人的速度创立了如此庞大的商业帝国，乃至于铁路行业从此被彻底改变。与他同时期的商业大亨，没有人像他一样白手起家，迅速崛起，身家万贯。古尔德的传奇历程令人称道，而这一切都要从联合太平洋公司的东山再起开始讲述。

——莫里·克莱因[2]

人们很难从历史中吸取教训，这是人性使然。一旦有一种说法占据上风，它的支配地位就很难被撼动。即使出现了与之矛盾的明确客观事实，人们也很难改变原有的刻板印象。本章主人公杰伊·古尔德的案例就将这一现象描述得淋漓尽致。纵观美国金融和商业史，杰伊·古尔德可以说是被误解最大、最不被认可的人物。[3]原因是多方面的。

首先，古尔德为人低调，除非有特殊需求，他轻易不和媒体打交道。他善于利用媒体达成自身目的，却不愿意配合完成媒体的任务。其次，古尔德反应灵敏、有勇有谋，在投资、投机/交易和企业管理方面取得了非同寻常的成功，很少有人能跟得上他的行事逻辑。最后，古尔德也从不与"精英阶层"交际，只习惯与他的家人和书籍相伴。[4]这些因素逐渐在他身边形成了信息真空，而我们的社会体系就如同大自然一样，天然厌恶真空的存在。人们开始制造各种或真或假的信息来填满这个真空。

本章我会以倒叙的方式讲述古尔德的故事，先来探讨他在联合太平洋公司担任管理职位期间实现的价值，再来具体分析这些成就是如何实现的。

1874年12月24日至1880年12月24日期间，在古尔德的领导下，联合太平洋公司的股价复合年化增长率达到了19%，这个数字本身就十分亮眼，而比起同期纽约股票交易所7.5%的复合年化增长率（按价格加权）就显得更加鹤立鸡群。[5]我们有必要先来回顾一下当时的背景：从1873年10月的金融恐慌事件起到1879年3月，[6]美国经济十分萧条，整体出现通货紧缩，政府也没有推出如量化宽松之类的货币刺激政策。在如此困难的背景下，[7]古尔德的成就更加不同凡响。

本章由3部分组成：第1部分概括了杰依·古尔德的传奇一生；第2部分对他的各种做法逐一进行分析讨论；第3部分依托

古尔德的案例，提出了对现代企业经理人的一些建议和启发。

杰依·古尔德的生平简介

从杰依·古尔德的生平简介中了解到，[8]1836年，杰依·古尔德生于纽约州罗科斯伯里附近的一处农场，从小热爱学习。还不到16岁时，他离开家乡，自学成才，成为一名勘测员。在20岁时，他白手起家成立了一家制革厂。尽管古尔德年纪不大，但年岁稍长的工人们都非常尊敬他，工厂所在地还以古尔德的名字被命名为古尔兹伯勒。

古尔德全身投入制革厂业务当中，直到1860年与查尔斯·勒普公司（Charles M. Leupp Firm）的合作以失败告终。古尔德继而把注意力转向了华尔街。尽管他在金融方面是个门外汉，古尔德还是在华尔街站稳了脚跟，逐渐学会玩转复杂的金融游戏。与华尔街大部分投资人不同，他以低调、细致、谦虚的行事风格著称，其他人不把他看在眼里，古尔德也从不随波逐流。

在7年多的时间里，古尔德不断积累财富。他口风很紧，从不与没有直接关系的外人讨论投资行动，说出来的内容，也只限于他想让别人知道的那部分信息而已。他往往在伦理和法律的边缘游荡，尽管有些做法看起来不道德，不过放在当时那个时代也不足为怪。古尔德进军华尔街正值南北战争前夕，而战争中所涌现出的各种新机会让原先的市场规则不再被奉为圭臬。[9]

　　有两个传奇的故事使古尔德从默默无闻的投资人变身声名狼藉的金融大鳄。在1867年和1868年，古尔德与丹尼尔·德鲁（Daniel Drew）和吉姆·菲斯克（Jim Fisk）在"伊利之战"中合力击败了华尔街金融巨鳄考尼列斯·范德比尔特（Cornelius Vanderbilt），最终古尔德和菲斯克共同掌控了伊利铁路公司。而在1869年，古尔德设计了一套垄断全国黄金供给的计划，最终在"黑色星期五"大恐慌中达到顶点。这些事件让古尔德恶名昭彰，而媒体持续地添油加醋更是让他成为至今为止华尔街上最招人恨的人。

　　实话实说，古尔德本不该有如此坏的名声。与他同时期的一些商业大亨不同，古尔德一直过着一种安宁、清净的生活，完全不贪图个人享受。他故意避开与精英阶层的交际，而热衷于与妻子和6个孩子享受家庭时光，他建立了一所图书馆来收藏自己阅读过的大量书籍，还建造了全国最大的私人温室。外界大多把古尔德看成一匹"独狼"，但其实他与同事一直保持着十分亲密的关系。例如，古尔德的死对头柯林斯·亨廷顿（Collis Huntington）[10]曾这样赞赏古尔德的可贵品质："我知道有很多人都对他没有好感……但在我眼中，古尔德是一个信守承诺、言行一致的人。"[11]

　　金融投机取得成功后，古尔德将目光转向了商业。更具体地说，他把金融财务方面的专业知识应用于伊利铁路公司的铁路管理方面，通过设计一套大胆的战略方案迫使范德比尔特改变了纽约中央铁路公司的发展方向，继而向芝加哥等西部地区扩张。[12]

1872年古尔德被赶出伊利铁路公司后，他回到华尔街，同时等待合适的机会接管另一家铁路公司。1873年年底，机会来了，古尔德大量买入了联合太平洋铁路公司的股份。1869年5月，第一条跨越北美大陆的部分铁路线完工，联合太平洋—中央太平洋铁路公司成了唯一一条连接密苏里河与太平洋沿岸的铁路线。如同伊利铁路一样，这条铁路线也是一笔庞大而过誉的资产，1873年动产信贷银行丑闻和多年的管理不善使之陷入财务困境。

为了赢得联合太平洋铁路公司主要股东的信任，古尔德承诺他将恢复铁路线的财务信誉，改善经营状况，规划战略方案，提升公司股价。在上任不到一年的时间里，古尔德扭转了公司财务困境，清空了流动债券，也偿还了收益债券。古尔德在经营的各个方面注重细节，公司业绩明显好转。

杰伊·古尔德在联合太平洋公司任职6年，直到他无法解决政府债务导致的财务负担才离开。与普遍观点相悖，政府为了建设联合太平洋铁路所发行的债券不是补贴而是贷款。[13]此外，联合太平洋铁路是少有的由联邦特许的项目，直接对国会负责。要想偿还这笔政府债务，公司需要与多位国会成员达成共识，而古尔德在这个任务上实在是力有不逮，所以他出售了手中的联合太平洋股票，套取了公司股票中他应得的一部分（如图11-1所示）。

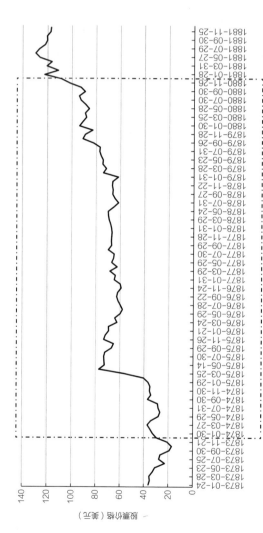

注：感谢纽约美国金融博物馆的克里斯汀·阿奎拉（Kristin Aguilera）和鲍勃·莱特（Bob Wright）为我指明这处来源。虚线定义的部分包括了杰伊·古尔德控制联合太平洋公司的时期（1874年至1880年）。本书曾经提到，"控制"意为设定公司的发展方向，而并非一定要拥有大部分股权。古尔德控制联合太平洋铁路公司的方式灵活通过了隔月的日期（X轴标注了隔月的日期），每个月的支配公司领导权，但他的股票份额并未超过半数。图中展示了每个月的股价水平，在图中所示期间内的整体表现走势。股价并不完全来自同一日期，所以此图只能被认为大致而已。联合太平洋铁路公司自1873年至1881年股价。

数据来源：Commercial and Financial Chronicle. 联合太平洋公司自1873年至1881年的股价。

图11-1 联合太平洋公司自1873年至1881年的股价

古尔德用这笔资金构建了一套新的美国西南部铁路系统，对西南部的经济发展起到了至关重要的作用，他在1892年去世之前一直倾注心血经营着这一铁路。

投资家、金融家、经营家

在经济下行、缺乏政府援助的情况下，杰伊·古尔德为联合太平洋公司创造了巨大价值，凸显了他全方位、出众的能力。在入主联合太平洋公司之前，古尔德有着成功的投资和投机经历。作为投机者，他关注短期市场异动，作为投资者，他又关注长期价值，这样的双重角色需要不同的技能组合，即便在当代，能同时精通长期投资和短期投机的人也极其罕见。例如，沃伦·巴菲特是著名的长期投资者，擅长从成功的战略决策中长期获利，而乔治·索罗斯是久负盛名的投机者，惯于通过交易操作在市场趋势和变动中获利。这种定性并不是绝对的，因为巴菲特也曾经做过短期交易，而索罗斯也做过长期投资，在此举他们两人的例子只是想论证：长期投资者和短期投机者需要擅长不同的技能组合。古尔德既是短期投机者，又是长期投资者，两者兼而具之，很难将他简单地分类。例如，古尔德的黄金投机交易让他声名狼藉，但他对伊利铁路公司的投资不管在买入还是卖出环节都把握了最完美的时机，使他能在安全边际内投资联合太平洋公司。[14]

同时，古尔德也展现着出众的金融管理能力，甚至能与包括传奇人物老摩根在内的当时最优秀的银行家相媲美。例如，当古尔德接手联合太平洋公司时，公司负债累累，但他在15年的时间内实现了"乾坤大挪移"。[15]他到底施了什么"魔法"？答案是：积极的谈判、创新性的融资（古尔德个人承担了一部分债务），以及金融圈内广泛的斡旋。[16]这是非常重要的一个细节，他积极运用金融方面的专业知识为公司开展融资，这一方法在当今仍然能对企业经理人提供深刻的启发。例如，提到2005年赫兹公司并购案，马丁·惠特曼曾总结了成功的经验："很显然，并购发起方和投资方（克雷顿·杜比利尔和莱斯公司、凯雷投资集团和美林私募基金）之所以能够成功收购赫兹公司，其中一个重要的因素就是发起方实力雄厚实力以及他们在资本市场拥有极高的信誉。"[17]

最后，古尔德是铁路经营方面的行家，[18]这是他的批评者们往往忽视的一点。联合太平洋公司的官方历史记载指出，"人人都知道他是金融天才，也认可他在铁路建设方面的能力，他对基建的各个方面都如数家珍。古尔德能捕捉到任何细节，预计到任何可能性。行动前他总是做足功课，细致入微，让那些干劲不足的人自叹不如"。[19]他不断发现创收的新渠道，[20]寻求高效的土地利用方式，并"密切监督成本"。[21]

总而言之，杰伊·古尔德在经营、投资和财务能力上能面面俱到，为联合太平洋公司创造了巨大价值。即便胸有成竹，古尔德从不会轻举妄动，他会按照事先制定的战略行事。因而古尔德也是当之无愧的战略家。在图11-2中，我们将战略纳入他的能力组合当中加以分析。

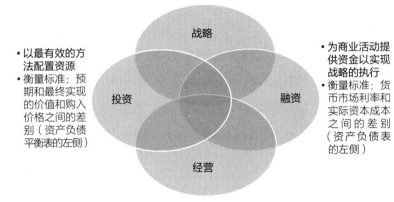

数据来源：Joseph Calandro, Jr.

图11-2　杰伊·古尔德的企业管理

战略：企业战略可以从多个角度来解读。我在这里用的是"有限机会"方法，而非传统的"可持续竞争优势"方法。原因在于，杰伊·古尔德在战略的选用方面十分灵活，一旦发现某种战略不合适，他就会迅速调整，这与他先前的投机经历密切相关，也与现代的"复杂经济学"一脉相承，认为没有哪种战略能够放之四海而皆准。这一理念也促使我们"改变了对优秀企业的定义，没有哪家公司能保持高业绩、高增长，能在一段时间内保持短期优势的企业就足够优秀了"。[22]

此外，企业的战略往往要么随着市场的变化而变化，要么随着政府的干预而变化。企业可以通过与政府合作获利（包括邮政的铁路运输），从政府获取补贴（包括大手笔的铁路土地赠予）和税收信贷，或者向政府低价借款（古尔德接管联合太平洋公司前，公司向政府借了好几笔贷款）。[23]再举一个当今家喻户晓的例子，在我落笔时，埃隆·马斯克（Elon Musk）从美国能源部获取了高达49亿美元的政府援助和4.65亿美元的低息贷款，特斯拉车主也获得了极高的税收优惠。一位金融分析师戏称："政府政策在哪里，马斯克就在哪里。"[24]

战略成功的衡量标准就是总体收益，也就是战略执行过程中所产生的资本增值、股息、利息和分红。[25]图11-1就展示了联合太平洋股权增值所带来的总体收益。

投资涉及对稀有资源或生产要素的配置，其中包括土地、劳动力、资本和信息，这里"土地"包括财产、厂房和设备。投资记录在资产负债表的左侧，评估方法基于一段时间内预期和最终所实现的价值与购入价格（或历史成本）之间的差别。

杰伊·古尔德的成功之道在于，他所投资的资产都能逐渐增值。长期投资成功取决于很多因素，但其中一个因素就是要有"反向思维"。[26]有一本名为《逆向思考的艺术》(*The Art of Contrary Thinking*)的经典著作就讨论了这一话题,此书开头这样写道:"逆向思考的艺术可以简单地这样解释:让你的思维跳出常规。简单地说就是避免随波逐流……用通俗易懂的话说就是:人人想法一样的时候,可能人人都错了。"[27]这种解释或许让人觉得逆向思考并没有多难,人人都能做得到。而詹姆斯·格兰特的论述就更加一针见血:"金钱买不到,而且大脑平时也悟不出的,是一种宝贵的、离群的未来观。"[28]原因在于,理解"反向思维的概念可能不难,但实际运用却并非易事"。[29]迈克尔·刘易斯在《说谎者的扑克牌》(*Liar's Poker*)一书中这样解释道:

> 人人都想反向操作,但没人能做得到,因为大多数投资者不想被看成傻瓜。[30]相比亏损,投资者更怕孤独,别人不想冒的险,他也不敢轻举妄动。谁也不愿意独自蒙受亏损,人人都需要借口来为他们的错误开脱。大家更愿意站在悬崖的边缘,只要与人为伍。[31]当大家广泛认为市场不景气的时候,即便问题是虚幻的,大多数投资者也会选择退出。[32, 33]

逆向思维从本质上是反周期性的活动,本杰明·格雷厄姆这样解释道:"成功有两大要素……第一,你要学会正确思考；第二，你要学会独立思考。"[34]行业内的大多数企业经理人和投资者都随着周期的变化而思考和行动，这也是周期存在的原因。

即便成功的投资者在逆向行动时，也会饱受批评。2009年11月2日，伯克希尔-哈撒韦公司宣布要以每股100美元的价格将伯灵顿北方圣达菲铁路公司私有化，比当时股价高31%。[35]令人不解的是，这一决定竟然受到了沃伦·巴菲特亲信的极力反对，反对者之一就包括他自己的传记作家艾莉斯·舒德（Alice Schroeder）。[36]不过，这宗并购最终以成功收场，巴菲特在2010年伯克希尔-哈撒韦的年报中指出："2010年的亮点之一就是对伯灵顿北方圣达菲铁路公司的并购，最终结果比我想象的要好。据估算，在掌握该公司的所有权之后，伯克希尔-哈撒韦的'正常'收益能力在税前会增加将近40%，税后增加超过30%。我们用220亿美元的价格，将股份增加了6%，交易进行得非常顺利。"[37]接下来，我们将视线转向下一个主题：融资。

融资能力指的是在战略周期过程中为商业活动提供资金的能力，记录于资产负债表的右侧。而衡量融资能力的标准则是货币市场利率和实际资本成本之间的差距。尽管业内有很多关于公司融资方面的课程和书籍，但真正掌握金融专业知识的人少之又少。[38]造成这种局面的罪魁祸首之一就是，金融学认为资本结构是"无关紧要的"，然而实际应用证明这是大错特错的。而我最钦佩沃伦·巴菲特的一点就是他的融资能力，任何看过他年度股东大会视频的人肯定与我有同样的感受。

经营指的是在某个战略周期对人员、过程和技术的管理运营。经营结果通过收益、支出和收入指标反映在收入和现金流报表中。经营的好坏取决于收益和支出，因此往往关注短期投资，这与记录在资产负债表中的长期投资恰好相反。

结论

各种因素相互作用增加了企业和投资管理的复杂性，因此图11-2出现了重合部分。[39]融资需要从经济上"满足"经营和投资需求，但除此之外，企业经理人要想成功还有很多其他环节需要重视，投资理论学家菲利普·费雪（Philip Fisher）认为，不可忽视的一个因素就是"公司的管理人员需要诚信、正直"。[40]作为一位企业经理人，杰伊·古尔德就十分谦虚谨慎：

> 在会议上，他从不主导讨论，只有当其他人讨论很久又没有进展的时候，他才会间接地表达自己的意见。他从不发号施令，而是礼貌的建议。他并不傲慢，为人低调，把成功归功于他人。尽管他野心勃勃，但从不自我或者虚荣。[41]

我们不妨再回顾一下现代股票回购的案例。2007—2008年全球金融危机之后，利率跌至历史低位，借债成本随之也跌至历史低点，股票价值不断增长。很多企业经理人认为这是将低价债务转换为高价股票的好机会。[42]无论价格水平如何，他们都执意以具有吸引力的融资利率回购股票，[43]结果喜忧参半。

原因何在？我们不妨了解一下现代铁路行业。记者S. L. 铭茨记录了这行业的发展，他发现："在2015年12月前的八个季度中，大多数将资本返还给股东的一等铁路企业的回购投资回报率为负值。"[44]也就是说，资产回购导致了亏损。铭茨的研究显示，联合太平洋公司的回购投资回报率为负14.8%，这与古尔德在任期间19%的复利形成了鲜明的对比。再对比两种不同投资回报率所处的宏观经济环境，结果更是令人瞠目结舌：古尔德取得19%的复利期间正直大萧条和通胀时期，当时联合太平洋公司的资产负债表也正处于重整旗鼓的阶段，而14.8%的负增长是在宽松货币和资产通胀时期产生的，政策和市场环境显然对股价增长非常有利。

我推测，如果杰伊·古尔德或亨利·辛格尔顿还在世的话，他们绝不会随波逐流，以虚高的价格回购股票，聪明的读者肯定明白其中缘由。以史为镜，对照检讨，用本章开头本杰明·格雷厄姆的话来讲就是，在对过往的教训做出起码的分析和理解前，我们不能否定它们的价值。成功的企业经理人总能给我们提供不少有益的经验和教训。

注释

本章包含《金融史》中的内容，经授权在此引用。我想感谢爱德华·阿特曼对我的前几稿提出的问题、评论和建议，我受益匪浅。任何错误或遗漏都与他人无关。

1. Jason Zweig and Rodney Sullivan, ed., *Benjamin Graham: Building a Profession* (New York: McGraw–Hill, 2010), 79.

2. Maury Klein, *Union Pacific: The Birth of a Railroad 1862–1893* (New York: Doubleday, 1987), 400.

3. 例如，我们可以对比两本书中对"伊利之战"的描述，这两本书分别是《投资：一部历史》(*Investment: A History*)（New York: Columbia, 2016）和《杰伊·古尔德的传奇一生》(*The Life and Legend of Jay Gould*) (Baltimore, MD: Hopkins, 1986)。

很多批评家认为，"作为一名金融大亨，古尔德是超前的，对手之所以鄙视他，是因为他在对手的游戏中打败了他们"。然而，这些批评人士认为，"古尔德是对自我调节的资本主义体系的嘲讽"。这两句均引自《西方联盟和美国企业秩序的建立1845—1893》(*Western Union and Creation of the American Corporate Order, 1845–1893*)(New York: Cambridge, 2013),作者:约书亚·沃尔夫(Joshua Wolff)。重要的是,美国的金融体系其实从来没有实现过自我调节,或者从未脱离过政府的参与或干预。理解这一点十分重要。

有趣的是,即便是金融历史学家爱德华·钱塞勒(Edward Chancellor)都对古尔德有误解,在《金融投机史》(*Devil Take the Hindmost*)中,钱塞勒援引了马修·约瑟夫森《强盗贵族》(*The Robber Barons*)中的文字,并对古尔德做出了评价,不过在《杰伊·古尔德的传奇一生》中,作者莫里·克莱因做出了反驳。

4. Maury Klein, "In Search of Jay Gould," *Business History Review* 52, no. 2 (Summer 1978): 195.

5. William Goetzmann, Roger Ibbotson, and Liang Peng, "A New Historical Database for the NYSE 1815 to 1925: Performance and Predictability," *Journal of Financial Markets* 4 (2001): 29. 数据由作者本人提供,数字已取整。

6. 详见美国国家经济调查局网站:http://www.nber.org/cycles.html.

若想了解更多1873年银行危机的信息，详见《杰伊·库克的赌注》(*Jay Cooke's Gamble: The Northern Pacific Railroad, The Sioux, and the Panic of 1873*)(Norman: University of Oklahoma Press, 2006)。

7. 麦嘉华在《股市荣枯与厄运报告》中写道，"1873年全球危机之后的通货紧缩对于资产持有者来说也非常糟糕……在1873—1895年，运河、铁路等行业中有很多公司面临破产，经营情况堪忧"。当时的格兰特总统拒绝签署"通胀法案"，不过经济开始逐渐复苏。这一点可以让很多现代的两党政治家和经济学家大惊失措了吧。详见Ronald White, *American Ulysses: A Life of Ulysses S. Grant* (New York: Random House, 2016), 545–547.

8. Klein, *The Life and Legend of Jay Gould.* 建议读者阅读此书。

9. "从事运河和铁路建设的公司操纵股票是美国最古老的赚钱手段之一。" David Lavender, *The Great Persuader: A Major Biography of the Greatest of All the Railroad Moguls* (New York: Doubleday, 1970), 166.

10. 若想了解更多有关柯林斯·亨廷顿的有关信息，详见Lavender, *The Great Persuader.*

11. Klein, *The Life and Legend of Jay Gould*, 490.

12. 若想了解更多考尼列斯·范德比尔特的信息，详见T. J. Stiles, *The First Tycoon: The Epic Life of Cornelius Vanderbilt* (New York: Knopf, 2009).

13. 19世纪80年代，联合太平洋公司是政府最大的债权人。更多信息详见James Grant, *Mr. Speaker! The Life and Times of Thomas B. Reed, the Man Who Broke the Filibuster* (New York: Simon & Schuster, 2011), 245.

14. Klein, *The Life and Legend of Jay Gould*, 137.

15. Maury Klein, *Union Pacific: The Birth of a Railroad 1862–1893* (New York: Doubleday, 1987), 314.

16. Klein, *Union Pacific*, 312–313. 莫里克莱因指出，"金融家和律师的天赋在于，他们能把简单的命题变成复杂的'迷宫'，并从他人困惑的摸索中获利"。和当今很多成功的专业价值投资者一样，杰伊·古尔德就擅长制造'迷宫'。

17. Martin J. Whitman and Fernando Diz, *Modern Security Analysis: Understanding Wall Street Fundamentals* (Hoboken, NJ: Wiley, 2013), 404.

18. 在《联合太平洋公司：1862—1893铁路的诞生》（*Union Pacific*）一书中，克莱因认为，杰伊·古尔德"通过比以往更加细致的经营，使得联合太平洋公司第一次运转得如此高效"。

19. Klein, *Union Pacific*, 309.

20. Klein, *The Life and Legend of Jay Gould*, 154–157.

21. Klein, *The Life and Legend of Jay Gould*, 147.

22. Eric Beinhocker, *The Origin of Wealth: Evolution, Complexity, and the Radical Remaking of Economics* (Boston, MA: Harvard, 2006), 332. 也可参见本书第5章。

23. 我们排除了那些从政府不当的政策中获利的一些策略，如导致20世纪80年代避税欺诈、储蓄和贷款危机，以及引发2007—2008年金融危机的各种策略。

24. James Grant, "Musk, Edison, Tesla," *Grant's Interest Rate Observer* 34, no. 17 (September 16, 2015): 4.

25. Return on investment (ROI) often serves as a proxy for total return, which may or may not be appropriate for certain investments.

26. Steven L. Mintz, *Five Eminent Contrarians: Careers, Perspectives and Investment Tactics* (Burlington, VT: Fraser, 1994), ix–xiv. 杰伊·古尔德"大部分时间都在与逆流而行"。

27. Humphrey Neill, *The Art of Contrary Thinking*, 5th and Enlarged Ed. (Caldwell, ID: Caxton, 1992 [1954]), 1. See also Mintz, Five Eminent Contrarians, ix.

28. James Grant, "Read the Footnotes," *Grant's Interest Rate Observer* 32, no. 22 (November 14, 2014): 3.

29. Howard Marks, *The Most Important Thing: Uncommon Sense for the Thoughtful Investor* (New York: Columbia University Press, 2011), 93.

30. Robert Hagstrom, *The Warren Buffet Way*, 3rd ed. (Hoboken, NJ: Wiley, 2014）. 书中将这种现象称为"制度强制力"。

31. 价值投资者让-玛丽·埃韦亚尔（Jean-Marie Eveillard）认为，"聚众取暖往往是舒适的选择，而做一个专业的价值投资者意味着孤独与冷清"。摘自 Maggie Mahar, *Bull!—A History of The Boom*, 1982–1999 (New York: HarperBusiness, 2003), 215.

32. Michael Lewis, *Liar's Poker: Rising Through the Wreckage of Wall Street* (New York: Norton, 1989), 175. Note also Mahar, Bull!, 225–226.

33. 该行为有很重要的战略影响。例如，军事战略家孙武说，"见胜不过众人之所知，非善之善者也；战胜而天下曰善，非善之善者也。"摘自*The Art of War*（《孙子兵法》）（New York: Chartwell, 2012），作者：孙武，译者：詹姆斯·特拉普（James Trapp）。同样，本杰明·格雷厄姆在《聪明的投资者》第4版中写道，"但如果股票市场中的一个较大板块常常被分析选股理论忽视或看轻，那聪明的投资者就有可能从被低估的价值中找到获利机会"。

34. Janet Lowe, ed., *The Rediscovered Benjamin Graham: Selected Writings of the Wall Street Legend* (New York: Wiley, 1999), 275.

35. Joseph Calandro, Jr., "Taking Burlington Northern Railroad Private," *Journal of Private Equity* 13, no. 4 (Fall 2010): 8–16.

36. Alice Schroeder, "Buffett Revisits Hunting Ground for Survivors," *Bloomberg*, November 4, 2009.

37. Berkshire Hathaway Annual Report, 2010, http://www. berkshirehathaway.com/2010ar/2010ar.pdf.

38. Robert Sobel, chapters 4–11, in *Dangerous Dreamers: The Financial Innovators from Charles Merrill to Michael Milken* (New York: Wiley, 1993).

39. 详见《杰伊·古尔德传奇的一生》。作者莫里·克莱因指出，古尔德从来不会将任何一部分从整体中割裂开来，这是他做事的准则。

40. Philip A. Fischer, *Common Stocks and Uncommon Profit and Other Writings* (Hoboken, NJ: Wiley, 2003 [1996]), 241.

41. Klein, *Union Pacific*, 309. 同样，在克劳德·香农（claude shannon）的传记《香农传》一书中，作者

吉米·索尼（Jimmy Soni）和罗伯·古德曼（Rob Goodman）指出，"重要的是，他的勇气萌生于一个如此独立和自足的自我意识中，以至于从某些角度来看，就好像他从不会自我一样。这是香农性格中最基础的特点，他更多令人钦佩的品质也源于此"。值得注意的一点是，香农是亨利·辛格尔顿的好友，也是特利丹公司的股东和董事会成员。

42. John P. Hussman, "Debt-Financed Buybacks Have Quietly Placed Investors on Margin," *Hussman Funds Market Comment*, August 17, 2017.

43. James Grant, "All Together Now, Buy Stock," *Grant's Interest Rate Observer* 32, no. 5 (March 7, 2018): 1. 书中指出："我们人类似乎天生就懂得怎样能低价买入、高价卖出。反过来其实是更合适。根据辉盛研究系统（FactSet）提供的数据，2012年第四季度到2013年第三季度之间，标准普尔500指数公司股票回购的平均价格是之前12个月价格的99.8%。换句话说，公司管理层决定回购股票并不是因为价格低，或者受价值驱使。据我们了解，他们购买股票是因为其他人都在买。"

44. 详见《铁路工作》（*Working on the Railroad*）一文中作者S. L. 铭茨对股票回购的分析，文章收录于

《机构投资者》(*Institutional Investor*) 杂志2006年5月刊。铭茨是《约翰·内夫谈投资》(*John Neffon Investing*) 一书的联合作者，推荐读者阅读这本书。

总　结

要奋斗，要探索，要有所发现，但不要屈服。

——阿尔弗雷德·丁尼生（Alfred Tennyson）笔下《尤利西斯》（*Ulysses*）的最后一句话，同时也是《格雷厄姆：华尔街教父回忆录》（*The Memoirs of the Dean of Wall Street*）中的最后一句话[1]。

在本书的前言部分，我们梳理了价值投资理论的发展历史，并就如何将价值投资理论运用到企业战略和管理中提供了我们的展望。第1章列举了一些有意将价值投资理论应用到企业管理中的高管应该采取的行动（见表1-1）。

战略对企业管理至关重要。成功的企业战略就是要宣扬公司的价值理念，吸引并留住客户，提供差异化的产品和服务。而以价值投资为指导的企业管理应更进一步，按照安全边际原则来促进价值的实现。所以，根据塞斯·卡拉曼书中的内容，我们在第2章提供了几个在安全边际指导下的价值实现方法。

每当我们讨论这一话题时，我发现很多企业管理人士都认为这不是什么难事，然而情况恰恰相反。即便阅读了大量有关价值投资理论著作的管理者往往也很难将之运用到实践当中。原因很简单：要想发现具有丰厚安全边际的投资机会，投资者需要不走寻常路，要与同行、同事、大多数董事会成员以及竞争对手的普遍思维不同，然而大多数人又很难承受与他人思维和行动不一致而带来的压力。随大流往往更为简单，别人做什么你就做什么，别人买什么你也买什么，别人在什么价位买入你也在什么价位买入。真正能够突破重围、按照安全边际原则进行投资的人实属凤毛麟角。

表1-1中第二条有关融资。当代金融经济学认为，资本结构是"无关紧要的"。坦白来说，从20世纪80年代初以来的宏观经济角度而言，我们很难驳斥这一"观念"。[2]然而，如果我们逐一分析每个公司的情况（或者从微观经济角度上讲），很多成功的价值投资者认为资本结构是管理中非常关键的一个环节，重要性仅次于战略。

有不少成功的企业管理人，从托马斯·爱迪生到史蒂夫·乔布斯，都因为缺乏对资本结构重要性的认知和风险的管理而失去了对企业的控制。反过来，那些以价值投资理念为指导的企业经理人深谙资本结构的重要性，能够对资本结构进行深入管理，掌握大量现金就是一个不错的资本结构管理方式。事实上，在特定时期，手持充足的现金可以视为"竞争优势"，这也是第3章讨论的主题。

第4章我们开始讨论宏观企业管理。这一章介绍了一些在价值投资概念指导下的企业管理之道，它们都是深受本杰明·格雷厄姆和多德所著的《证券分析》第6版的启发，该章节也收录了我对这第6版主编、价值投资者塞斯·卡拉曼的一次采访。

"平衡"是价值投资指导下企业管理的核心要义。从广义上讲，保持"平衡"指的是保持运营、融资和投资的平衡，既关注市场周期动态，也关注反市场周期动态，保持日常管理和非线性事件的厚尾性管理的平衡。据此，我们在第5章列举了特利丹公司前掌门人亨利·辛格尔顿的管理方法。尽管之前的价值投资文献中有对亨利·辛格尔顿的介绍，不过第5章主要基于价值投资者莱昂·库珀曼所做的研究以及亨利·辛格尔顿同事的2份个人传记，[3]从中汲取精华，分析了亨利·辛格尔顿的价值投资管理之道。该部分为本书四大分析案例中的第一个，每个案例都从不同方面展示了价值投资理论在企业管理中的实际应用。

以价值投资理论为指导的企业经理人有一个共同品质，那就是善于沟通，此外他们还都为人谦逊。善于沟通、谦虚谨慎的企业经理人往往也在管理过程中更加理性。在企业管理中，所谓理性指的是公司的企业活动能够始终如一。理性管理对企业经理人和投资经理人来说具有强大的指导意义，我们在本书的第6章也对理性管理进行了详细的解释。

大多数企业经理人最关注企业的运营，这是合情合理的。然而，正如上文所述，以价值投资为指导的企业经理人会同时兼顾企业运营、财务和投资。已故价值投资者马丁·惠特曼就首开先河，对这一理念进行了深入的探索，在本书第7章中，我们对这一理念进行了深入的探讨，同时也谈到了他的著作《现代证券分析》一书中其他的管理理念，此章也收录了我对他的采访。

管理的目的是为客户、股东、员工和其他关键的利益攸关方创造价值，随着时间的推移，这些价值会产生巨大的复合效应。事实上，价值实现"就是最重要的事情"，我们在第8章基于霍华德·马克斯的同名著作对这一观念进行了详细阐述。接下来，我们在这一概念的指导下对三个案例进行了分析，分别是GEICO公司、GTI公司和联合太平洋公司（这三个案例分别见于第9、10、11章）。每一章都分析了价值实现的一方面：GEICO公司的案例介绍了与价值投资一脉相承的业绩管理，GTI公司的案例介绍了如何利用分析模型实现价值，这是一个至关重要又与时俱进的主题，而联合太平洋公司的案例则介绍了杰伊·古尔德在企业管理方面给我们提供的一些启发，他或许是第一位将价值投资理念用于企业管理的人，但业内对他的负面印象较大。

这些章节中的一个核心概念就是"信息"：信息的数量、质量还有信息对行为的影响。换句话说，"信息优势"，即获取其他经理人不知道或者所忽略的信息的能力，贯穿本书始终。[4]从某种意义上讲，"信息优势"是寻找丰厚安全边际机会的基础，而安全边际丰厚意味着价格低廉。例如，本杰明·格雷厄姆的价值投资理论就关注"净净"股票，也就是出售价格低于净净价值的股票（计算净净价值就是流动资产减去总负债），然而他的这一理论在当时并没有受到投资者的关注，[5]纵观价值投资的发展史，这种情况整体上并没有多大变化，在本书4个案例的分析中也昭示了这一点。

亨利·辛格尔顿利用他在利率和商业方面的知识，在他领导特利丹公司的近30年里，标新立异地部署了成功的金融战略。

沃伦·巴菲特和托尼·奈斯利利用完整全面又内外统一的业绩信息为GEICO公司实现了价值。尽管这些信息看上去十分简单基础，毕竟保险业主要基于众所周知的大数定律，但我从事保险业务已有30多年，很少看到如此结构良好、富有洞察力的管理信息。GEICO公司的启示可以广泛应用到各行各业，尤其在"大数据"时代具有更大的指导意义。

詹姆斯·拉夫勒运用著名的财务困境模型，帮助GTI公司转危为安。他的做法也为企业经理人提供了一个教科书般的案例分析，帮助他们学会如何利用模型为股东实现价值。

杰伊·古尔德深入钻研铁路运营，不断学习积累，凭着出众的金融和投资敏锐性以及优秀的战略制定，在宏观经济下行且缺少政府援助的背景下，为联合太平洋公司实现了巨大价值。最终，在政府债务的压力下，古尔德出售了他在联合太平洋公司的股份，收益十分丰厚。

信息优势对长期成功的重要性怎么强调都不足为过。为了让读者更直观地了解，我们来举一个专业棒球的例子。《点球成金》一书中介绍，赛伯计量学实际上始于20世纪60年代和70年代，但在21世纪初奥克兰运动家队使用之前，几乎没有在专业棒球领域得到推广。在传奇前交易员约翰·亨利（John Henry）的领导下，波士顿红袜队采用了赛伯计量学方法，获得了4次美国职业棒球大联盟世界大赛冠军，打破了笼罩波士顿红袜队多年的"圣婴诅咒"。在西奥·艾普斯坦（Theo Epstein）的带领下，波士顿红袜队在2004年和2007年赢得了两次世界大赛的冠军，[6]之后艾普斯坦又带领芝加哥小熊队赢得了2016年世界大赛的冠军，但即便2016年之后，赛伯计量学方法也没有被职业棒球联赛球队广泛采纳。直到2017年休斯敦太空人队夺冠之后，这一计量方法才开始广泛应用。[7]

采纳历程如此漫长，[8]侧面也能帮助我们理解，为何众多企业和投资经理人会执意沿用传统的信息资源和分析方法。第一，职业经理人和大多数人一样，更倾向于固守常规，不愿打破舒适圈。第二，职业经理人教育和职业背景类似，他们的管理技能往往大同小异，经常会忽视其他能力的培养。第三，职业经理人的事务繁忙，一般没有时间了解眼下看上去无用的信息。第四，多数人倾向于随波逐流，因此，不愿与大多数人作对、特立独行的人往往寥寥无几。[9]此外，特立独行的人也不太容易在职场上高升，这也是很容易理解的，我们在序言部分对此展开过讨论。

日常管理的好坏会决定短期胜负，但长期来看，胜负角逐取决于企业经理人是否有效地应对风险带来的损失，同时又在乱局中抓住机会。本书中的一些案例证明，只有在避免非线性的损失，又在非线性乱局中抓住机会的企业经理人才能真正创造价值、实现价值。就此，我们先来介绍一个图表。

图1就是一个典型的正态分布图，读过商学院的人都了解。但正态分布的一个问题在于，大多数真正的概率分布其实

存在厚尾效应，也就是两端的虚线部分。每个尾部的底部都显示了非线性凹损失和凸收益分布，这一点很重要，因为一个公司的凹损失可能是另一个公司的凸收益。因此，我们需要从非常规的信息来源发现潜在的非线性机会或风险。为了解释其中的道理，我们再来分析一下前言当中举的一个例子。

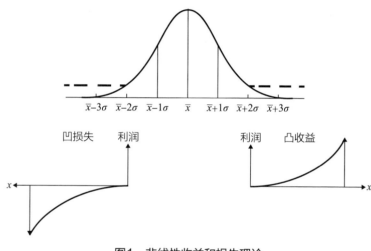

图1　非线性收益和损失理论

凸收益和凹损失可出现于实体经济、计划经济、金融经济或网络经济当中。从定义上讲，凸收益和凹损失都并不常见，即便出现也是转瞬即逝，所以我们应该尽可能地加以识别（避免）。若想了解更多信息，请见《反脆弱：从不确定性中获益》一书，作者是纳西姆·尼古拉斯·塔勒布。对于学习过高等数学的读者来说，我强烈建议阅读塔勒布的所有著作和论文。

读者或许还记得，图1展示的是2007—2008年"大空头"时期，普雷姆·瓦特萨领导下的费尔法克斯金融公司的业绩情况。费尔法克斯金融公司位列图表的最右侧，因此该公司是我们列举的6家实现收益的公司业绩中最好的一个，这与同一时期图表左侧亏损严重的公司形成了鲜明对比。总的来说，成功的企业经理人（也就是获取凸收益的企业管理人员）抓住了"大空头"之前非线性的机会，不仅保护了公司的投资组合，同时也从动荡中获取了大量收益。相反，其他企业经理人将企业置于非线性风险之中，因此也造成了大量损失。

经济上减轻凹形损失的风险，并利用凸形收益（或者说是创新性的方法），是长期制胜的法宝，希望企业经理人能够从这个角度思考，你的客户、员工、投资者、债权人还有你自己都会从中受益，但前提是不要因过早暴露而削弱任何潜在的优势。

我们生活的世界充斥着各种没完没了的、往往又毫无价值的社交媒体贴文和公司新闻通稿。信息是一种战略优势，也是特许经营企业发展的一个重要根基，但我惊讶地看到，一些企业竟将其潜在战略优势通过社交推文或新闻通稿发布出来。殊不知，社交媒体推文和新闻通稿往往是竞争对手了解信息的常用渠道。成功的企业经理人不会过早的披露公司的任何优势。相反，就像杰伊·古尔德一样，他们利用媒体以及社交媒体实现他们的战略目标，而非仅仅用于"提高曝光率"。[10]这一点看上去是妇孺皆知的常识，但事实上人们对这一常识的认知并不普遍。

我的学生和一些认识的职场朋友经常在他们的不同职业阶段向我讨教职业建议。我总是引用伯克希尔-哈撒韦公司副董事长查理·芒格的"职业生涯三原则"，[11]在此我也想借用他的三原则作为本书的结尾。

第1条原则：不要销售你自己都不愿意买的东西。例如，GEICO公司的主营业务是汽车保险，这一产品往往容易被忽视掉，但GEICO公司却通过创新十足的广告将买保险这件事变得轻松活泼，相应也为公司带来了几十年的盈利增长。

第2条原则：不要为你不尊重或不欣赏的人工作。在发表了与第5章话题类似的论文之后，我有幸与几位曾经为亨利·辛格尔顿工作的人对话。提到亨利·辛格尔顿，他们的眼神充满光芒，对亨利·辛格尔顿的看法也基本类似："他是个非常优秀的人。他很严厉，是个真正的领袖，但他总是公平公正。最重要的是，他是个好人。"世界需要更多像亨利·辛格尔顿这样的人。[12]

第3条原则：只和你喜欢的人一起工作。有句话说得好，"人生苦短，不要当个浑人，更不要和浑人共处。"[13]我以这句话作为本书的结尾，同时也希望能对大家的生活、工作以及商业管理有所启发。

注释

1. Benjamin Graham, *The Memoirs of the Dean of Wall Street* (New York: McGraw–Hill, 1996), 315.

2. 此例子在本书序言对应的注解附录部分中有提及。

3. James Nisbet, *The Entrepreneur* (Charlotte, NC: Capital Technology, Inc., 1976), and George Roberts and Robert McVicker, *Distant Force: A Memoir of the Teledyne Corporation and the Man Who Created It* (self-published, 2007).

4. "那么信息到底影响了什么？它影响了我们面临的不确定性……我们可以从不利的处境中找到有利的机会。"详见《香农转》（New York: Simon & Schuster, 2017），作者吉米·索尼和罗伯·古德曼。上文中已提到过，克劳德·香农既是亨利·辛格尔顿的朋友与同学，也是特利丹公司的董事会成员和长期投资者。香农在特利丹公司的投资在25年间达到了复利年化27%的回报。

5. 本杰明·格雷厄姆在《聪明的投资者》第4版（New

York: Harper & Row, 1973）中写道："如果股票市场中的一个较大板块常常被分析选股理论忽视或看轻，那聪明的投资者就有可能从被低估的价值中找到获利机会。"

6. Tom Verducci, *The Cubs Way: The Zen of Building The Best Team in Baseball and Breaking the Curse* (New York: Crown, 2017).

7. Ben Reiter, *Astroball: The New Way to Win It All* (New York: Crown, 2018), 227.

8. Keith Law, *Smart Baseball: The Story Behind the Old Stats That Are Ruining the Game, the New Ones That Are Running It, and the Right Way to Think About Baseball* (New York: Meadow Party, 2017).

9. "所有人都想做一个逆向思维者，但是遗憾的是，因为投资者和公司管理者大多害怕出丑，他们就无法真正做到逆向思维。相较于亏钱，他们更害怕那种因为承担其他人避而远之的风险而离群独立的感觉。如果别人都在赚钱，那独自亏钱的人就没法给自己的错误找借口，而像大多数人一样，投资者和公司管理者大多也是需要借口的。" Michael Lewis, *Liar's Poker* (New York: Norton, 1989), 175.

10. 详见《比利·比恩（Billy Beane）与吉姆·西蒙斯（Jim Simons）的共同点：投资者总要求公开透

明——但有时候，不透明也会成为优势》，作者泰德·西德斯（Ted Seides），发表于2018年9月28日的《机构投资者》杂志。

11. Kathleen Elkins, "Warren Buffett's Partner Charlie Munger Says There Are '3 Rules for a Career,'" *CNBC*, August 17, 2017.

12. 而且美国政府需要更多像乔治·马歇尔这样的人。乔治·凯南（George Kenna）称他为"美国绅士的最佳典范——高贵，谦恭，从不骄傲自大，而且总是严于律己，宽以待人。"Daniel Kurtz-Phelan, *The China Mission: George Marshall's Unfinished War*, 1945–1947 (New York: Norton, 2018), 357.

13. Robert Sutton, *The No Asshole Rule: Building a Civilized Workplace and Surviving One That Isn't* (New York: Warner Business, 2010).

附　录

附录 A　评估股票回购

用过高的甚至达到迄今公司盈利数倍的价格，来为未来的发展下注，很难称得上是合理的商业做法。

——本杰明·格雷厄姆、戴维·多德和西德尼·科特尔（Sidney Cottle）[1]

当公司的内在价值高于市场价格时，回购股票就是合理的做法。

——罗伯特·哈格斯特朗[2]

除了亨利·辛格尔顿外，莱昂·库珀曼也研究了洛斯公司的股票回购策略，该策略与亨利·辛格尔顿如出一辙，只有在股价过低的时候才会回购，绝对不会在价格合理或者价格过高的时候采取行动。[3]同样，著名的传媒大亨约翰·马龙也是这一策略的拥趸。据马龙的传记作家马克·罗比乔克斯（Mark Robichaux）记录，"每当发现其公司股票市值过低的时候，他都会采取同样的做法：回购自由媒体集团的股票。如果你觉得股价很低，马龙就会说，为何不在划算的时候买入你的股票呢"？[4]

尽管有以上众多的成功案例，很多企业经理人仍很难做到低成本回购股票。例如，在《读懂上市公司：掘金股市公开信息》（*Investing Between the Lines*）一书中，里滕豪斯发现，"在2001—2010年，平均34%的里滕豪斯排名当中的公司有过股票回购。然而，只有4%的公司是以低价回购的"。[5]这种高价回购的做法并没有止于2010年。在2014年3月7日一期的《格兰特利率观察家》中，主编詹姆斯·格兰特这样写道：

根据FactSet[①]提供的数据，2012年第四季度到2013年第三季度，标准普尔500指数公司股票回购的平均价格是之前12个月价格的99.8%。换句话说，公司管理层决定回购股票并不是因为价格低，或者受利益驱使。据我们了解，他们购买股票是因为其他人都在买。股票回购是当时普遍的市场风气……2013年第三季度最新完整数据显示，标准普尔500公司共回购了1239亿美元的股票，比第二季度的数额略低，但同比上一年增长了32%。[6]

---

① FactSet：FactSet Research Systems，FactSet研究系统公司是美国一家金融数据和软件公司。公司为从事投资的专业人士和机构提供金融信息和分析软件。

尽管历史上最成功的投资者和企业经理人已经证明，只有低价回购股票才会实现长期收益，但很多企业经理人仍然会反其道而行。[7]我认为问题出在大部分人愿意随大流，只关注短期效益，这是两者相互作用之下的结果。[8]不管问题出在哪里，企业经理人和公司董事会其实都可以另辟蹊径。就股票回购问题，库珀曼总结了以下几个标准，供企业经理人在做选择前予以参考：

（1）股票回购价格是否低于私人市场价值或并购市场价值？[9]

（2）企业是否有成长潜力，价值是否会逐渐增加？例如，在现金流减少的情况下，未来五年的预算如何计划？股票回购价格是否低于价值的15%～20%？

（3）股票回购会为现金流和每股盈利带来什么影响？

（4）股票回购是否会很大程度上影响企业的风险预测？如果答案是会影响，那么股票回购就不是一个好的选择。[10]

按照本附录开头引用的本杰明·格雷厄姆、戴维·多德，西德尼·科特尔的文字，严格遵守这些原则就会帮助企业经理人不去"用过高的甚至达到迄今公司盈利数倍的价格，来为未来的发展下注"。

注释

本部分包含《战略与领导力》杂志中的内容，经授权在此引用。我想感谢莱昂·库珀曼对我的前几稿提出的问题、评论和建议，我受益匪浅。任何错误或遗漏都与他人无关。

1. Benjamin Graham, David Dodd, and Sidney Cottle, *Security Analysis*, 4th ed. (New York: McGraw-Hill, 1962), 521.

2. Robert Hagstrom, *The Warren Buffet Way*, 3rd ed. (Hoboken, NJ: Wiley, 2014), 106. 麦琪·马哈尔认为，"负责任的管理层只有当价格合适的时候才会回购股票"。摘自 Mahar, *Bull!—A History of the Boom, 1982–1999* (New York: Harper, 2003), 133.

3. Leon G. Cooperman, *Stock Repurchase: Value Creative or Value Destructive?*, November 28, 2007, 33–36. For information on the late Larry Tisch see Christopher Winans, *The King of Cash: The Inside Story of Laurence Tisch* (New York: Wiley, 1995).

4. Mark Robichaux, *Cable Cowboy: John Malone and the*

Rise of the Modern Cable Business (Hoboken, NJ: Wiley, 2002), 273. Note also Christopher Marangi, *Financial Engineering Playbook*, Gabelli Funds, January 2014.

5. L. J. Rittenhouse, *Investing Between the Lines: How to Make Smarter Decisions by Decoding CEO Communications* (New York: McGraw–Hill, 2013), 156–157.

6. James Grant, *Grant's Interest Rate Observer*, March 7, 2014, 1. 约翰·格雷厄姆（John Graham）教授认为，"企业往往很难找准时机，在股价便宜或者被低估的时候进行股票回购"。摘自《股票回购需要审慎观察》(*Buybacks Under Scrutiny*)，作者：S. L. 铭茨 (S.L. Mintz)，收录在2014年9月的《机构投资者》杂志。也可参考铭茨在《铁路工作》(*Working on the Railroad*) 一文中的论述。铭茨是《约翰·内夫谈投资》一书的联合作者，该书为约翰·内夫的传记。

7. "企业的一大谜团就是，为何总有人倾向在高价买入、低价卖出？" Edward Chancellor, *Capital Returns: Investing Through the Capital Cycle, A Money Manager's Reports, 2002–2015* (London, UK: Palgrave, 2016), 80.

8. Edward Chancellor, ed., *Capital Account: A Money Manager's Reports on a Turbulent Decade 1993–2002* (New York: Palgrave, 2016).

9.《经济学人》的一篇文章对股票回购持批评态度，认为企业不可能低价回购股票，如果可能的话，这种做法对卖出股票的股东来说也是不公平的。更多信息详见《股票回购：回购革命》（*Share Buy-backs: The Repurchase Revolution*），收录在2014年9月13日的《经济学人》杂志。第一，很多企业经理人会对他们的金融资产、包括股票进行高价回购，但并不是每家公司都如此。例外包括伯克希尔–哈撒韦、洛斯、自由媒体集团等。第二，没有人强迫投资者卖出手中的股票，但包括《经济学人》之内的任何方都没有权利批评这种自愿的交易。投资者会因为种种原因出售股票，即便企业经理人或者商业杂志认为股票被低价出售了，我们也无权对其进行批评。

10. Cooperman, *Stock Repurchase*, 23.

附录 B 管理债务负担

短期内即将到期的银行贷款或其他债务往往是财务困难的前兆。换句话说，财务困难基本是不太可能由常规的企业经营而造成。

——本杰明·格雷厄姆和戴维·多德[1]

"已故的梅尔基奥尔·帕尔伊（Melchior Palyi）将流动性定义为'偿还债务的能力'。流动性永远不为过，小心谨慎同时也不为过。"

——詹姆斯·格兰特[2]

决定回购股票与否其实属于债务负担管理的范畴，在做决定之前，需要考虑很多方面，包括营运资本、利息偿付率、各种条款（包括到期管理、契约条款、赎回条款）、优先股息、普通股利、股票数目、奖金和留存收益。这些都是企业运行所需资本结构的重要部分，一直都是重要的管理职责。然而，正如我们上文所说，很多主流的经济学家仍然认为资本机构是"无关紧要的"。[3]而这一观念招致了重大甚至惨痛的后果。

第一,一些企业经理人并不了解企业的资产负债表。[4]第二,即便对资产负债表有所了解,也并不明白资产负债表各方面的关系。这里我们来举1998年美国长期资本管理公司破产的例子。尽管这一案例已经被大书特书,但在2012年,当美国长期资本管理公司的负责人之一、诺贝尔经济学奖获得者罗伯特·默顿(Robert Merton)被问到他从公司破产中得到了哪些教训时,他的回答令人很受启发。他中肯地解释了公司倒闭的原因,认为当美国长期资本管理公司的债务到期时,1998年俄罗斯违约引起了一连串的连锁反应,最终影响到由市场定价的抵押物,导致公司倒闭,他声称这是无法预测到的。[5]

我和很多企业经理人探讨过美国长期资本管理公司破产的话题,一些人会莞尔一笑,说道:"呃,你还指望经济学家能做出什么成绩?"或许确实如此,但是我们看到2007—2008年金融危机期间很多破产的企业并不是由经济学家所管理的。另外,纵观历史,即便一些最为智慧、最富创新能力的企业家都在这个问题上马失前蹄,托马斯·爱迪生和乔治·威斯汀豪斯就是两个例子。他们是公认的天才,但两人都因为债务问题不得不将自己创立的公司拱手让给了他人。

1892年,托马斯·爱迪生在摩根大通重组了爱迪生电灯公司的大量流动债务后,[6]失去了公司的掌控权。债务重组后，该公司更名为通用电气公司。

1907年，由于流动债务增至1 400万美元，并且大多数即将到期，乔治·威斯汀豪斯失去了威斯汀豪斯电气公司的控制权。[7]

莫里·克莱因在他对爱迪生和威斯汀豪斯时代的经典研究中写道："银行家接替公司创始人掌握公司控制权的案例随处可见。"[8]总之，不管是过去，现在，还是将来，资本结构对企业来说至关重要，[9]谨慎管理永远不为过。[10]

注释

1. Benjamin Graham and David Dodd, *Security Analysis*, 6th ed. (New York: McGraw–Hill, 2009), 594.

2. James Grant, Minding Mr. Market: Ten Years on Wall Street with *Grant's Interest Rate Observer* (New York: Farrar, Straus and Giroux, 1993), 298.

3. 马丁·惠特曼和费尔南多·迪兹认为，"弗兰科·莫迪利安尼和默顿·米勒这两位著名的经济学家获得了诺贝尔经济学奖，他们认可的一个观点是'假设企业经理人为了股东的利益服务，企业资本化其实就无关紧要了'这简直是胡说八道"。*Distress Investing: Principles and Technique* (Hoboken, NJ: Wiley, 2009), xvii.

4. Michael Lewis, *The Big Short: Inside The Doomsday Machine* (New York: Norton, 2010), 174.

5. Robert Merton: Lessons from Crashing the Financial System, CFA Institute Conference, October 7, 2012, YouTube, https://www.youtube.com/watch?v=lFP9DE0Wjyc. 感谢价值投资者米奇·朱利斯向我推荐这个视频。

6. Maury Klein, *The Power Makers: Steam, Electricity, and the Men Who Invested Modern America* (New York: Bloomsbury, 2008), 292–296.

7. Klein, chapter 18 in *The Power Makers*. 根据威斯汀豪斯当时的公开表态，"匹兹堡清算委员会认为，尽管西屋集团是有偿债能力的，但建议进行破产管理，从而保护各方的利益，我们有责任听从他们的建议。之所以有必要进行破产管理，是因为我们出现了财务紧张问题，而之后也出现了债务到期无法偿还的情况"。William Silber, *When Washington Shut Down Wall Street: The Great Financial Crisis of 1914 and the Origins of America's Monetary Supremacy* (Princeton, NJ: Princeton, 2007), 52.

8. Klein, *The Power Makers*, 394.

9. "企业大小不重要。资本结构才是最重要的。过去如此，未来也将如此。" Michael Milken, "Why Capital Structure Matters," *Wall Street Journal* (April 21, 2009), http://online.wsj.com/news/articles/SB124027187331937083.

10. "与传统学术观点不同，我们认为资本结构之所以重要，是因为他能够满足各方面的需要，包括债权人、监管方、评级机构、管理层和其他控制组、外部消极少数权益投资者和公司本身。" Whitman and Diz, *Distress Investing*, 38.

附录 C　预估增长价值注解

根据假设的增长率，可以在计算的正常当前收益和预期的平均未来收益之间建立简单的数学联系。

——本杰明·格雷厄姆、戴维·多德和西德尼·科特尔[1]

当投资资本的回报率高于平均水平时，增长可以创造价值。因此我们可以假设，公司每投入一美元，就会创造至少一美元的市场价值。然而，企业收入的增长资本回报率低可能对股东不利。

——罗伯特·哈格斯特朗[2]

这一附录部分颇具实操性，有些学者对价值投资为基础的增长估值很感兴趣，希望我能对这一话题展开深入讨论。因此，撰写这一部分其实是出于完整性考虑，与本章所介绍的方法的实际操作没有太大关系。

我在上文写到过，增长分为两种形式：正常增长和超常增长。先来讨论正常增长，根据现代价值投资理念，针对非特许经营企业（也就是不存在可持续的竞争优势但也不存在业绩问题的企业），净资产价值和盈利能力价值之间基本可以画等号，具体请看以下公式：

$$V=(NAV \approx EPV) \tag{1}$$

其中，

V指的是价值

NAV指的是净资产价值

EPV指的是盈利能力价值

传统上，价值是通过贴现收益（或现金流）的现值来估算的，如下所示：

$$V=\sum_{n=1}^{\infty}E_n/(1+K)^n \tag{2}$$

其中，

E指的是盈利

K指的是所需回报率

如果盈利水平一直保持稳定，符合基本EPV假设，那么等式（2）也就简化为以下等式：

$$V=E/K \tag{3}$$

恒定、可持续的收益是资产净值和该价值回报的函数，因此，等式（3）可重述为：

$$V=NAV \times RNAV/K \tag{4}$$

其中，

$RNAV$指的是净资产价值回报$=E/NAV$

除以净资产价值，我们得到以下等式：

$$V/NAV=RNAV/K \qquad (5)$$

当等式（5）的右侧相对等于1时，等式（1）成立；然而，当该比率实质上超过1时，等式变为：

$$V=(NAV+FV)=EPV \qquad (6)$$

其中，

FV指的是特许权价值

等式（6）如图9-3所示。代入方程（5），然后求解增长特许权的价值，得到：

$$GV=(RNAV/K)\times EPV \qquad (7)$$

其中，

GV指的是持续发展的特许经营企业的增长价值。

这一推导来源于本杰明·艾斯提（Benjamin Esty）的《价值驱动因素说明》（*Value Drivers*）以及威廉·弗鲁汉（William E. Fruhan, Jr.）的《金融战略：对股东价值创造、转移和破坏的研究》（*Financial Strategy*）。这一推导也与本杰明·格雷厄姆，戴维·多德和西德尼·科特尔所著的《证券分析》1934年版中所提出的乘数法同根同源。此外，这一推导将增长与当期价值联系起来，在我看来，这些作者也认为这是至关重要的一点。

对比之下，超常增长包括两个阶段。第一阶段，增长是动态的（或者说是非线性的），之后进入第二阶段，逐渐趋于正常、稳定的增长。第一阶段可以由当前价值分析来进行估算，格林沃尔德教授和他的共同作者用以下等式计算：[3]

$$PV=(RNAV-g) / (K-g) \times EPV \qquad （8）$$

其中，

PV指的是非正常增长过程中的当前价值

g指的是预期增长率

由于超常增长涉及特许经营企业动态增长和正常增长，因此它是基于等式（8）和等式（7）的函数。使用代换和一些代数运算得出以下等式：[4]

$$M=1-(g/K) / (K/RNAV)/1-(g/K) \qquad （9）$$

其中，

M指的是超常增长倍数

如上文所述，用于估算可持续特许经营企业稳定增长的倍数为$RNAV/K$，乘以EPV得到GV［等式（7）］。

估算超常增长的步骤有点复杂：首先，必须估计第一阶段每年的增长量（典型的持续时间是5—10年）。第二阶段增长通过最终价值进行估算。然后，这些估算必须折现到当期价值。获得当期价值之后，再乘以M［等式（9）］也就得到了超常增长价值。[5]

为了分析正常增长和超常增长倍数之间的关系，格林沃尔德和他的共同作者提供了以下矩阵（见表1）。

阴影行反映了在等式（7）中计算的倍数，而矩阵的主体包含等式（9）的M倍。从中可以看出，无论是正常增长倍数还是超常增长倍数，增长三倍都很难，因此投资者和企业经理人在进行以增长为基础的投资过程中要多加小心，保

表1　现代格雷厄姆和多德增长价值倍数矩阵

	(A)	(B)	(C)	(D)	(E)
RNAV/K	1.0	1.5	2.0	2.5	3.0
（1）*g/K* 0.25	1.00	1.11	1.17	1.20	1.22
（2）*g/K* 0.50	1.00	1.33	1.50	1.60	1.67
（3）*g/K* 0.75	1.00	2.00	2.50	2.80	3.00

资料来源：2001年出版的《价值投资：从格雷厄姆到巴菲特的头号投资法则》，作者为布鲁斯·格林沃尔德等。我们对这一矩阵做了一些变动，净资产收益率（RNAV）取代资本收益率（ROC），贴现率使用符号K而不是R。

守行事。事实上，纵观历史，即便是最深谋远虑的投资者也会犯错，也会出现亏损。从20世纪初期老摩根对拥有皇家游轮泰坦尼克号的美国国际海运公司进行的投资，[6]以及20世纪90年代末到21世纪初期沃伦·巴菲特对通用再保险公司的投资就可见一斑。[7]如果这两位大名鼎鼎的金融大亨都会出现误判，那么我们普通人出错也就见怪不怪了。

注释

本部分包含《私募股权》杂志中的内容，经授权在此引用。我想感谢詹姆斯·施拉格对我的前几稿提出的问题、评论和建议，我受益匪浅。任何错误或遗漏都与他人无关。

1. Benjamin Graham, David Dodd, and Sidney Cottle, *Security Analysis*, 4th ed. (New York: McGraw-Hill, 1962), 508–509.

2. Robert Hagstrom, *The Warren Buffett Way*, 3rd ed. (Hoboken, NJ: Wiley, 2014), 67.

3. 他们利用资本回报率（ROC）和资本（C）来推导等式。详见《价值投资：从格雷厄姆到巴菲特的头号投资法则》，作者：布鲁斯·格林沃尔德等。基于我在哥伦比亚大学价值投资课上的笔记（2002年布鲁斯·格林沃尔德的价值投资课），我将两者更换为RNAV和EPV。

4. Greenwald, et al., *Value Investing*, 143.

5. 格林沃尔德认为，"根据这种增长来预测的价值可能在实际上不够可靠"。本杰明·格雷厄姆对约翰·伯尔·威廉姆斯（John Burr Williams）在《投资价值理论》（*Theory of Investment Value*）（Boston, MA: Harvard, 2002 [1938]）一书中的观点，詹姆斯·格兰特以下阐释：

本杰明·格雷厄姆认为，要想采用威廉姆斯的方法，我们需要预测未来的利率变化水平、利润的增长以及增长停滞之后股票的最终价格。"人们想知道"，格雷厄姆说，"在这些假设的必然偶然性质和它们所受到的高度精确的数学处理之间，是否会有太大的差异"。

——摘自《证券分析》第6版引言——格雷厄姆和《证券分析》面世：时代背景，作者：詹姆斯·格兰特。

6. "美国国际海运公司及破产的主要原因：一是判断失误，二是运气不好。摩根和公司的其他管理人士没能正确预估跨大西洋海运的收益。"详见《摩根传》（*The Morgans: Private International Bankers 1854–1913*）（Cambridge, MA: Harvard University Press, 1987），作者：文森特·卡洛索（Vincent Carosso）。据摩根的传记作者琼·斯特鲁兹（Jean Strouse）说，"海运公司在财务方面一直都是赔钱的，如今更是带来了人类灾难"。详见《摩根传：美国银行家》（*Morgan: American Financier*）（New York: Random House, 1999）。

7. Calandro, chapter 4 in *Applied Value Investing* (New York: McGrawHill, 2009).